Deutschbuch

Arbeitsheft

7

Lösungen

Seite 3

1 **Reihenfolge:** 7-1-2-6-3-4-5

Seite 4

3 Der Abschnitt 3 ist wichtig für die Schülerzeitung, weil er die Stimmung am Unfallort verdeutlicht.
Der Abschnitt ist nicht wichtig für den Unfallbericht an die Versicherung, der nur die wichtigen Fakten enthalten soll.

4 Unser Physiklehrer Herr Urff
Wendung benennt einen weiteren Zeugen
... in eine stabile Seitenlage
Wendung bezeichnet die Position Christians genauer
... überprüfte Pulsschlag und Atem
Wendung gibt die konkreten Hilfsmaßnahmen an

5 a) Nach kurzer Zeit kam der Krankenwagen mit Blaulicht und Sirene.
b) eilten

6 sich ereignen

Seite 5

1
N eines Morgens
S nachlässig
Z in den Wald, weil
L-P überhaupt
G-Z auf einmal
G-Z anfing
St-P zuckten
WB endlich
N hohlen
WB aufhörte
Tr Re-gen
L-P lugte

Seite 6/7

1 **Was** geschah?
ein Zusammenstoß zwischen einem Radfahrer und einer Fußgängerin (Vanessa v. T., Brigitte B., Paul O.)
Wer war beteiligt?
eine Frau aus dem Supermarkt kommend (Vanessa v. T.)
ein Radfahrer (Vanessa v. T., Brigitte B.)
Wo geschah der Unfall?
Fußgängerzone Traunsteingasse (Vanessa v. T., Paul O., Harald T.)
Wann geschah es?
Samstagmittag, 13.55 Uhr (Maria M.)
Wie geschah es?
Ein Radfahrer kommt von links und fährt in eine Hundeleine hinein. (Vanessa v. T.)
Warum geschah es?
Der Hund der Fußgängerin springt quer über die Fußgängerzone auf einen anderen Hund zu. (Vanessa v. T.)
Welche Folgen hatte der Unfall?
Maria M. hat einen dreifachen Bruch im Oberarm; die Bilderrahmen, die Paul O. transportierte, zerbrachen. (Maria M., Paul O.)

Seite 8

1 Gesichtsform: oval
Stirn: hoch
Wangen: gerötet
Kinn: rund
Nase: stupsig
Augen und Augenausdruck: freundlich
Augenbrauen: gezupft
Mund und Lippen: schmal
Mundwinkel und Ausdruck: lächelnd
Haare: rötlich
Figur und Körperhaltung: schlank
Kleidung: lässig

Seite 13

1
1. Konjunktionen
2. Nomen
3. Präpositionen
4. Verben
5. Adverbien
6. Adjektive
7. Artikel
8. Pronomen

Seite 14

1

Handlungsträger	Handlung
der Hausmeister	uns beim Befestigen der Dekoration **helfen**
drei Mütter und ein Vater	Kuchen **backen**
Annette und David	Quallenpudding **kochen**
die Klasse	Dekoration **anfertigen**
Frau Lehmann	Getränke **besorgen**
Max, Anne und Jenny	Salate und Fischbrötchen **zubereiten**
Marina und Markus	jedem eine Einladung **schreiben**
die ganze Klasse	hinterher beim Aufräumen **helfen**

Seite 15

2

Handlungsträger	Handlung
ein Wellblech	Donnergeräusche **erzeugen**
Scheinwerfer	den Raum in grünes Licht **tauchen**
der Ventilator	das Fischernetz **bewegen**
Pappfische	an einer Angeln **zappeln**
Pappmascheequallen	im Ventilatorwind **tanzen**
Seemannslieder	von Schiffsuntergängen **erzählen**
Taucherbrillen	auf Schülernasen **sitzen**
die Musik	für Strandstimmung **sorgen**
der Kuchenduft	Appetit **machen**
drei Tische	leckere Speisen **tragen**
der fröhliche Lärm	Zaungäste **anlocken**
fruchtige Getränke	Durst **löschen**

Seite 16

3/4
2. Susi und Anne rücken die Tische an die Wand.
3. Der Scheinwerfer taucht den Raum in ein grünes Licht.
4. Der Hausmeister befestigt das Fischernetz mit einem Hammer an der Wand.
5. Patrizia fängt Simon mit einer Angel.
6. Der Ventilator wirbelt Luftschlangen durch die Luft.
7. Carolin und Johannes setzen die Taucherbrillen auf.
8. Die Haifischsamba dröhnt aus dem Kassettenrekorder.

Seite 17

1

Infinitiv	Partizip Perfekt
singen	gesungen
bemalen	bemalt
befehlen	befohlen
tapezieren	tapeziert
graben	gegraben
empfangen	empfangen
trinken	getrunken
malen	gemalt
vergessen	vergessen
dekorieren	dekoriert
beißen	gebissen
empfehlen	empfohlen
schwimmen	geschwommen

2
a) werden hineingelegt, kann geführt werden, werden verschränkt, wird abgesucht, werden gefischt, müssen gebracht werden, wird bestimmt, wird gefüllt, wird gestellt.
b) vom Austerntaucher, von der Jury

Seite 18

2 **Akkusativobjekte:** Die Fische; jeden Fisch; eine Büroklammer; alle Fische; eine Angel; einen langen Stock; eine Schnur; einen kleinen Magneten in Hufeisenform; die Spielregeln; je eine Ecke der Folie; sie; die Fische; die Punkte auf den geangelten Fischen; das Spiel

Seite 19

3 Die Fische werden dann in verschiedenen Farben angemalt. Jeder Fisch wird je nach Größe mit einer Punktzahl zwischen 1 und 10 gekennzeichnet. Eine Büroklammer wird jedem Fisch zusätzlich ans Maul geheftet. Alle Fische werden anschließend auf ein großes Stück durchsichtige Abdeckfolie gelegt. Eine Angel wird dann gebraucht. Dazu wird ein langer Stock benötigt. Eine Schnur wird an einem Ende des Stocks befestigt und ein kleiner Magnet in Hufeisenform an das Ende der Schnur gehängt. Die Spielregeln werden auf der Party erklärt: Je ein Ende der Folie wird von vier Kindern in die Hand genommen. Sie wird gleichmäßig zwei Minuten lang von ihnen hin und her geschwenkt. Die Fische werden in der Zwischenzeit von einem Hochseeangler bei stürmischer See mit der Magnetangel geangelt. Die Punkte auf den geangelten Fischen werden nach den zwei Minuten vom Spielleiter gezählt. Das Spiel wird vom Teilnehmer mit der höchsten Punktzahl gewonnen.

Seite 20–21

5/6
1. a) Markus **bereitet** ein Tablett für ein weiteres Spiel **vor.** (Präsens Aktiv)
   b) Ein Tablett **wird** von Markus für ein weiteres Spiel **vorbereitet.** (Präsens Passiv)
2. a) Er **hält** fünfzehn verschiedene Gegenstände in einer Tüte **bereit.** (Präsens Aktiv)
   b) Fünfzehn verschiedene Gegenstände **werden** von ihm in einer Tüte **bereitgehalten.** (Präsens Passiv)
3. a) Er **hat** darin Dinge wie ein Miniaturboot, Perlen, Muscheln, Plastikfische und Ähnliches **gesammelt.** (Perfekt Aktiv)
   b) Dinge wie ein Miniaturboot, Perlen, Muscheln, Plastikfische und Ähnliches **sind** von ihm darin **gesammelt worden.** (Perfekt Passiv)
4. a) Gestern **fand** er noch den Leuchtturm in seiner alten Legokiste. (Präteritum Aktiv)
   b) Gestern **wurde** von ihm noch der Leuchtturm in seiner alten Legokiste **gefunden.** (Präteritum Passiv)
5. a) Er **hatte** den Leuchtturm bereits tagelang **gesucht.** (Plusquamperfekt Aktiv)
   b) Der Leuchtturm **war** von ihm bereits tagelang **gesucht worden.** (Plusquamperfekt Passiv)
6. a) Markus **wird** nun die einzelnen Gegenstände auf dem Tablett **verteilen.** (Futur I Aktiv)
   b) Die einzelnen Gegenstände **werden** von Markus nun auf dem Tablett **verteilt werden.** (Futur I Passiv)

7. a) Die Spielteilnehmer **behalten** nun nach Möglichkeit alle Gegenstände auf dem Tablett im Kopf. (Präsens Aktiv)
   b) Alle Gegenstände auf dem Tablett **werden** nun nach Möglichkeit von den Spielteilnehmern im Kopf **behalten.** (Präsens Passiv)
8. a) Danach **deckt** Markus das Tablett mit einem Tuch **ab.** (Präsens Aktiv)
   b) Danach **wird** das Tablett von Markus mit einem Tuch **abgedeckt.** (Präsens Passiv)
9. a) Die Spielteilnehmer **schreiben** dann alle Gegenstände auf einen Zettel **auf.** (Präsens Aktiv)
   b) Alle Gegenstände **werden** dann von den Spielteilnehmern auf einen Zettel **aufgeschrieben.** (Präsens Passiv)
10. a) Der Spieler mit den meisten richtigen Begriffen **gewinnt** das Spiel. (Präsens Aktiv)
    b) Das Spiel **wird** von dem Spieler mit den meisten richtigen Begriffen **gewonnen.** (Präsens Passiv)
11. a) Die Spieler **werden** nach Markus' Meinung bestimmt alle Gegenstände schnell **erraten haben.** (Futur II Aktiv)
    b) Alle Gegenstände **werden** nach Markus' Meinung von den Spielern bestimmt schnell **erraten worden sein.** (Futur II Passiv)

Seite 22

1 **Zustandspassiv:** ist angefertigt; sind … hergestellt; ist beendet

2 Erst, wenn alles gut **vorbereitet ist,** kann es losgehen. (Zustandspassiv)
Zu Beginn **werden** die Aufgaben **verteilt.**
Überprüfe dabei gleich, ob jede Aufgabe jemandem **zugeordnet ist.** (Zustandspassiv)
Salate und Brötchen **werden** kurz vor der Fete **zubereitet.**
Da **sind** die Einladungen hoffentlich schon **verteilt.** (Zustandspassiv)

Seite 23

1 a) **Passivformen:** wurde ... gerufen; war … angezündet worden; wird … geschätzt; werden … verdächtigt; beobachtet worden waren
b) 1, 2, 5, 6

Seite 23–25

2
2. Zwei maskierte Männer wurden im Kassenraum der Tankstelle gesehen.
3. Die Kassiererin wurde mit einem Messer bedroht.
4. Ihr wurde eine Pistole an die Schläfe gehalten.
5. Offensichtlich wurde die Frau zur Herausgabe der Tageseinnahmen gezwungen.
6. Die Polizei wurde alarmiert.

1. Am Bahnhofsvorplatz wurden am Dienstag, dem 14. 2. 1998 zwei Männer von der Polizei festgenommen.
2. Jeweils eine auffällige Plastiktüte mit Dela-Werbeaufdruck wurde von ihnen befördert.
3. Die beiden wurden als die Tankstellenräuber identifiziert.
4. Das Geld wurde sichergestellt.
5. Die Tat wurde gestanden.
6. Die Männer wurden zu einer zweijährigen Gefängnisstrafe verurteilt.

1. Von der Ehefrau des einen Täters wurde im Verlauf des Prozesses die Scheidung eingereicht.
2. Der Malerbetrieb des anderen Täters wird von dessen Ehefrau weitergeführt.
3. Die Mitarbeiter werden von ihr koordiniert und die Aufträge abgestimmt.
4. Die Töchter des einen Täters werden wegen ihres Vaters in der Schule gehänselt.
5. Die Familie des Täters wird von früheren Freunden gemieden.
6. Die Stelle als Tankstellenkassiererin wurde aufgegeben.

Seite 26

1 Den Passivsatz B kann man nicht in einen Aktivsatz umformen, weil die Angabe des Handlungsträgers fehlt.

3 Satz 3: eine Nachbarin
Satz 4: von den Räubern
Satz 7: von der Hausmeisterin

Seite 27

1 **mögliche Passivsätze**
Die Sahne wird zuerst untergehoben.
Die Poren im Braten werden durch die Hitze geschlossen.
Das Gericht kann mit wenigen Handgriffen vorbereitet werden.
Statt Joghurt kann auch saure Sahne verwendet werden.
Beim Kochen wird der Deckel auf dem Topf gelassen.
Die Schüssel wird zuerst kalt ausgespült.
Die Sahne wird zuerst geschlagen.
Der Teig wird danach kräftig durchgeknetet.

Seite 31

1
1. **Subjekt:** ich, **Akkusativobjekt:** das eigenartige Verhalten, **Attribut:** eigenartig, meiner Mitschüler
2. **Dativobjekt:** dem superordentlichen Klassenzimmer, **Attribut:** superordentlich, **Prädikat:** fehlen, **adverbiale Bestimmung der Art und Weise:** merkwürdigerweise, **Subjekt:** die Spuren der Benutzung, **Attribut:** der Benutzung
3. **Subjekt:** ich, **Prädikat:** erkannte, **Akkusativobjekt:** es, **adverbiale Bestimmung der Art und Weise:** normalerweise, **Präpositionalobjekt:** an dem muffigen Geruch, dem überfüllten Papierkorb und der verschmierten Tafel, **Attribute:** muffigen, überfüllten, verschmierten
4. **Adverbiale Bestimmung der Zeit:** gestern, **Prädikat:** gedachte, **Subjekt:** eine Gruppe, **adverbiale Bestimmung des Ortes:** vor dem Chemielabor, **Genitivobjekt:** eines vertrockneten Gummibaums, **Attribut:** vertrockneten

5. **adverbiale Bestimmung des Grundes:** wegen meiner Besorgtheit, **Attribut:** meiner, **Prädikat:** erzählte, **Subjekt:** ich, **adverbiale Bestimmung des Ortes:** zu Hause, **Dativobjekt:** meiner Schwester, **Attribut:** meiner, **Präpositionalobjekt:** von den verblüffenden Verhaltensänderungen, **Attribut:** verblüffenden

Seite 32

1 **Präpositionalobjekte:** Zu diesem Schluss; über der Durchschnittstemperatur; Von dem recht milden Winter; von der Wetterstation; über den augenblicklichen Zustand
adverbiale Bestimmungen: Seit Frühlingsanfang; mit großer Sorgfalt; zu warm; in ihrem Monatsfazit; um knapp zwei Grad Celsius; In den ersten Märzwochen; am vergangenen Wochenende; Um glatte zehn Grad Celsius; auf 22,8 Grad

Seite 33

1 **Vollständige Sätze:**
Der Banknachbar stellte seine obligatorische Frage. [...] Ich antwortete lässig: „Ich war in Afrika." Er fragte ungläubig zurück. [...] Ich antwortete mit einer gewitzten Replik: „Ich fuhr mit dem Finger auf der Landkarte." [...] Tatsächlich besuchten wir Tante Anna in Schnellrode im Hessischen, waren mit den Messdienern in der Jugendherberge in Oer-Erkenschwick oder zelteten mit den Pfadfindern im Westerwald – wir fuhren nicht weit weg, allemal nicht mit unserer schmalen Urlaubskasse. „Ich fuhr mit dem Finger auf der Landkarte" – [...] „Nein, ich war drei Wochen in Südafrika, das war ganz fantastisch; Kapstadt musst du sehen, die Stadt ist ein Traum. Ich empfehle dir von dort aus einen Abstecher nach Namibia mit Safari."

Seite 34

1 Ostseeküste oder Österreich, Seychellen oder Südafrika – alljährlich haben die Bundesbürger die Qual der Wahl ihres Urlaubsziels**.** Die touristische Welt steht ihnen offen**(,)** es gibt für sie keine weißen Flecken mehr auf der Urlaubslandkarte**.** Innerhalb des Reisebooms der letzten Jahrzehnte konnten die Deutschen breite Reiseerfahrungen sammeln**(,)** deutsche und europäische Reiseziele sind ihnen vertraut**.** Zunehmend reisen sie auch in außereuropäische Tourismusregionen**.** Damit wächst aber auch ihr Anspruchsniveau und ändert sich ihr Reiseverhalten**.**

Dort, wo die Kommas eingeklammert sind, kannst du auch einen Punkt setzen. Beachte aber: Nach dem Punkt schreibt man groß!

Seite 35

2 Reisen erhält eine neue Qualität**,** denn Tempo und Leistung gewinnen im Urlaub an Bedeutung.
Immer mehr Touristen suchen Erlebnis statt Erholung**(,)** und die Einstellung zum Freizeitverhalten ändert sich.
Manche sehen im Job ein notwendiges Übel**,** denn das eigentliche Leben findet im Urlaub statt.
Mitte der sechziger Jahre beginnt das Jet-Zeitalter**(,)** und moderne Großraum-Flugzeuge überwinden in kürzester Zeit weite Strecken.
Flughäfen werden ausgebaut**(,)** und Charterfluggesellschaften erleben einen Aufschwung.
Auch entferntere Reiseziele sind jetzt erreichbar**(,)** und an der spanischen Costa del Sol und auf der Mittelmeerinsel Mallorca entstehen Zentren des Massentourismus.
Weder verringern überhöhte Preise die Reiselust**(,)** noch halten überfüllte Urlaubsorte vom Reisen ab.
Entweder buchen die Reisenden schon zu Hause ein Hotel**(,)** oder man sucht erst nach der Ankunft ein Zimmer.

Seite 36

1 (Während) wir im See badeten, wurde unser Geld gestohlen.
Konjunktion — NS —, HS —.

Wir können, (wenn) es morgen nicht regnet, ein Gartenfest machen.
— HS —, Konjunktion — NS —, HS —.

Gestern bekamen wir in der Schule hitzefrei, (weil) wir über 40° im Schatten hatten.
— HS —, Konj. — NS —.

Im Bus war es schön kühl, (da) die Klimaanlage eingeschaltet war.
— HS —, Konjunktion — NS —.

(Damit) du dir keinen Sonnenbrand holst, musst du Sonnencreme benutzen.
Konjunktion — NS —, HS —.

Unser Lieblingsgetränk ist jetzt Apfelsaft, (den) wir mit
——— HS ———, └ RP ———
(Relativpronomen)
Sprudelwasser und Eiswürfeln mixen.
——— NS ———.

Alle Schülerinnen und Schüler, (die) Kostüme trugen,
——— HS ———, └ RP ——— NS –,

kamen zum Neptunfest kostenlos ins Freibad.
——— HS ———.

Am Abend zeigten hoch aufgetürmte Wolkenmas-
——— HS ———

sen, (dass) es in der Nacht ein Sommergewitter geben
┐, └ Konjunktion ——— NS ———

würde.
———.

Seite 37

2 Extremabenteurer wie Reinhold Messner füllen mit „Panoramavisionen“**, die** eine fortgeschrittene Variante des Diavortrags sind, ganze Sporthallen.
Jeder Fernsehsender**, der** täglich Berichte über ferne und nahe Reiseziele zeigt, greift mit seiner Programmgestaltung das Interesse an fremden Kulturen auf.
Oder die Fernsehsender senden Spielfilmserien**, die** meist an südlich-sonnigen Drehorten produziert worden sind.
Millionen von Menschen lassen sich durch Expeditionsreportagen**, die** oft von waghalsigen Abenteuern erzählen, beeindrucken.
Das Fernsehpublikum**, das** Berichte von Expeditionen gesehen hat, will inzwischen wie Pauschaltouristen eine Bergbesteigung buchen.

Seite 38

3 <u>Seitdem der Abenteuertourismus sich ausbreitet,</u> wird es modern, den Urlaub in exotischen Regionen zu verbringen.
<u>Weil das Angebot groß ist,</u> ist es nicht mehr notwendig, sich lange, <u>bevor die Reise beginnt,</u> für das Ziel zu entscheiden.
<u>Weil es die Möglichkeit der Last-Minute-Reisen gibt,</u> werden Reiseentscheidungen kurzfristiger als früher getroffen.

Seite 39–40

1 …, (damit) du die Verdunstung beobachten kannst.
Finalsatz (Zweck)
…, (weil) er schneller verdunstet.
Kausalsatz (Grund)
(Wenn) die Flüssigkeiten verdunsten, ….
Konditionalsatz (Bedingung)
(Sobald) man aus dem Schwimmbecken kommt, ….
Temporalsatz (Zeit)
(Weil) das Wasser dann sehr schnell verdunstet, …
Kausalsatz (Grund)

(Nachdem) du eine der beiden Flaschen mit einem Wolltuch umhüllt hast, …
Temporalsatz (Zeit)
…, (weil) Wolle ein schlechter Wärmeleiter ist.
Kausalsatz (Grund)
…, (damit) unsere Körperwärme nicht so leicht entweicht.
Finalsatz (Zweck)
…, (weil) sie viele kleine Zwischenräume mit Luft enthält.
Kausalsatz (Grund)

(Wenn) man das Wasser färbt, …
Konditionalsatz (Bedingung)
(Wenn) die Luft kälter wird, …
Konditionalsatz (Bedingung)
(Wenn) die Luft wärmer wird und sich ausdehnt, …
Konditionalsatz (Bedingung)

Seite 41

1 **Subjektsätze:**
Mich ärgerte, **dass der Zettelkram so viel Zeit kostete.**
Sandra wurde klar, **wie sie das Rätsel lösen konnte.**
Wer vorsichtig fährt, kommt sicherer nach Hause.
Objektsätze:
Ich träume oft, **dass ich fliegen kann.**
Ich hörte, **dass es noch regnete.**
Dass er kommt, hatte ich völlig vergessen.

Seite 42–43

1 **dass-Sätze:**
..., dass er extra für diese Lesung aus Lübeck angereist war.
..., dass er uns zunächst ein lustiges Lied vorsang,
..., dass man mit Sprache spielen kann.
..., dass bestimmte Bilder in unseren Köpfen durch die jeweilige Reihenfolge von Wörtern entstehen können.
..., dass sie sich näher kommen können.
..., dass diese Geschichte – oh Wunder – wirklich allen gefallen hatte.
..., dass er gerne herumblödelt und am liebsten Leute zum Schmunzeln bringt.
..., dass er schon mit 10 Jahren anfing, ...
..., dass er überall schreibt.
..., dass er an diesem Jugendbuch ungefähr drei Monate lang gearbeitet hatte.

Infinitivsätze:
..., kleine Geschichten zu schreiben.
..., sich für dieses Thema stärker zu interessieren.
..., ein neues Lied zusammen zu dichten.
..., einmal einen richtigen Autor kennen zu lernen und eine Lesung mitzumachen.

Indirekte Fragesätze:
..., welche Hobbys wir haben, welche Musik wir gerne hören, ...
..., ob wir gerne lesen.
..., ob Udo untergegangen ist.
..., wie er überhaupt zum Schreiben gekommen ist, wie sein Tag aussieht, was er gerne liest, ...
..., ob er ein Vorbild hat ...
..., warum er zuerst immer mit der Hand schreibt.
..., wie er auf die Idee zum Buch „Blitzlicht" kam.
..., wie die Kinder in den Film und die Werbung kommen.

Seite 43

2 hören, fragen (3x), passen, erklären (3x), zeigen, wünschen, herausstellen, wissen, erfahren (2x), anfangen, berichten, beginnen, planen, finden

3 Bis zur Autorenlesung wussten die meisten Jugendlichen nicht, wie ein Schriftsteller lebt und arbeitet.
(indirekter Fragesatz)
Die Schülerinnen und Schüler versuchten herauszufinden, warum und wann W. Eicke Schriftsteller geworden ist.
(indirekter Fragesatz)
Jemand fragte, ob W. Eicke ein Lieblingsbuch hat.
(indirekter Fragesatz mit Fragepronomen „ob")
Dabei erfuhren wir, dass Eickes bisher größter Erfolg ein Märchenbuch ist.
(dass-Satz)
Viele Schüler nahmen sich vor, mehr Bücher von W. Eicke lesen zu wollen.
(Infinitivsatz) oder:
Viele Schüler nahmen sich vor, dass sie Bücher von W. Eicke lesen wollen.
(dass-Satz)

Seite 44

4 Der Journalist erlebte mit, wie Wolfram Eicke im Musiksaal den Kindern ein buntes Unterhaltungsprogramm präsentierte.
Die Jugendlichen interessierte, womit der Kinderbuchautor seine Bücher schreibt.
Die Schülerinnen und Schüler wussten nicht, wer Fjodor Dostojewski gewesen ist.
Dass er beim Lesen vor allem wissen wollte, wie es weitergeht, erklärte Eicke.
Dem Schriftsteller gelang es problemlos, die Schüler für sich zu gewinnen.
Und die Referendarin meinte, dass Kinder gerade heutzutage durch den übermäßigen Medienkonsum das Lesen verlernen.
Die Deutschlehrerin hoffte, dass mit der Aktion die Schüler begeistert werden.

Seite 45

1 Wir sind auch zu dieser würdigen Stätte gekommen **(,)** um Amerika an die grimmige Notwendigkeit des Jetzt zu erinnern. Jetzt ist die Zeit **(,)** die Versprechungen der Demokratie Wirklichkeit werden zu lassen. Jetzt ist es Zeit **(,)** aus dem dunklen und trostlosen Tal der Rassentrennung aufzubrechen und den hellen Weg der Gerechtigkeit für alle Rassen zu beschreiten. Jetzt ist es Zeit **(,)** unsere Nation aus dem Flugsand rassischer Ungerechtigkeit zu dem festen Felsen der Brüderlichkeit emporzuheben.
Während wir versuchen **(,)** unseren rechtmäßigen Platz zu gewinnen**,** dürfen wir uns keiner ungerechten Handlung schuldig machen. Lasst uns nicht aus dem Kelch der Bitterkeit und des Hasses trinken **(,)** um unseren Durst nach Freiheit zu stillen.
Der wunderbare**,** neue kämpferische Geist**,** der die Gemeinschaft der Neger erfasst hat**,** darf uns nicht verleiten **(,)** allen Weißen zu misstrauen.
Und wenn wir marschieren**,** müssen wir uns verpflichten **(,)** stets weiterzumarschieren.

Seite 46

1 Karl Valentin, eigentlich Valentin Ludwig Fey, **[Apposition]** kommt am 4. Juni 1882 in Au, einer Vorstadt von München, **[Apposition]** zur Welt.
Der Vater, ein gelernter Tapezierer, **[Apposition]** ist Kompagnon der Möbeltransportfirma Falk & Fey.
[...]
Nachdem aber im selben Jahr der Vater verstorben ist, **[Temporalsatz]** verlässt Valentin die Schule und übernimmt die Firma, die er vier Jahre später verkauft. **[Relativsatz]** [...]
Mit dem Apparat auf dem Rücken geht er, der sich nun Charles Fey nennt, **[Relativsatz]** auf Deutschlandtournee. Doch er hat fast nirgends Erfolg, sodass er völlig mittellos nach München zurückkehrt. **[Konsekutivsatz]** Etwa 1908 trägt er beim Baderwirt einen selbst verfassten Monolog vor, der ihm zu unerwartetem Erfolg verhilft. **[Relativsatz]** Der Singspielhallenbesitzer des Frankfurter Hof, welcher sehr gut verdiente, **[Relativsatz]** engagierte daraufhin Valentin, der schon nach wenigen Auftritten der populärste Komiker Münchens ist. **[Relativsatz]**
[...]

„Wissen Sie schon, dass ein Schuhmacher selbst gemachte Schuhe tragen kann, **[Objektsatz]** dass aber ein Schweinemetzger niemals selbst gemachte Würste isst? **[Objektsatz]** ..., dass mancher seine eigenen Fingernägel zum Fressen gern hat ... **[Objektsatz]** ..., dass man ein weiches Ei nicht als Zahnstocher benützen soll?“ **[Objektsatz]**
Am 9. Februar 1948 stirbt er, nachdem er sich eine schwere Erkältung zugezogen hat. **[Temporalsatz]**

Seite 48

1 Nun – 3, Baumgarten – 2, Bademeister – 1;
Endlich – 4, Badewetter – 1;
Ihnen – 5, Fluten – 1, Das –3;
Sommerwetter – 1, Hoffnung – 6;
Besucher – 1, Rüngsdorfer –2;
Freibad – 1, Ausstattung – 6;
Möglichkeiten – 6, Sonnen – 7, Baden – 7, Spielen – 7

2 Trübsal, Ehrlichkeit, Verdammung/Verdammnis, Mannschaft, Hemmung/Hemmnis, Hindernis, Irrtum

3 glatt, glätten, Glätte
klar, klären, Klarheit
traurig, trauern, Traurigkeit
erkannt, erkennen, Erkenntnis
gehemmt, hemmen, Hemmung
freundlich, anfreunden, Freundlichkeit
schwach, schwächen, Schwäche
spät, verspäten, Verspätung
leer, leeren, Leere
spöttisch, spotten, Spott
gesund, gesunden, Gesundheit

Seite 49

1 Rad fahren; Radfahren; bereitet; zurücklegen muss; kommt; Schwitzen; Warten; Umziehen; Schwimmen; Duschen; hasst; Frösteln; Jammern; Einhalten; Betreten; Zetern; Sträuben; Schimpfen; murren; liebt; Tauchen; tauchen; Atmen; Luftholen; Pfeifen

Seite 50

2 **Artikel (+ Präposition)**
ins Schwitzen, beim Umziehen, vor dem Schwimmen, das Duschen, zum Frösteln, von dem Jammern, das Einhalten, vor dem Betreten, kein Zetern, kein Sträuben, zum Atmen
(Artikel +) Adjektiv
das lange Radfahren, das zeitraubende Warten, weites Tauchen, ein lautes Pfeifen
Pronomen
sein Schimpfen, sein Luftholen

3 das Springen; das Fußballspielen; das Abstellen; das Rauchen; zum Umkleiden; das Mitbringen

4 a) Das Abstellen der Fahrräder im Schulhof ist nicht erlaubt.
b) Das Anketten der Fahrräder an die Fahrradhaltestange wird empfohlen.
c) Das Fahren auf dem Schulhof während der Pause ist verboten.
d) Das Ballspielen im Schulgelände ist nicht erlaubt.

Seite 51

5 Es ist Pflicht der Schüler, wenn sie den Klassenraum verlassen, die Fenster zu schließen.

6 Das Radfahren ist erlaubt.
Das Wenden ist verboten.
Das Rechtsabbiegen ist geboten.
Das Feuermachen ist verboten.

7 Der Appetit kommt beim Essen.
Er gerät ins Schwimmen.
Mit Hängen und Würgen bestand er die Prüfung.
Hier herrscht ein ständiges Kommen und Gehen.
Er will auf Biegen und Brechen morgen fertig sein.
Wir klopften mit Zittern und Zagen an.

Seite 52

1 auf dem **Trockenen;** das **Geringste;** im **Dunkeln;** zum **Guten;** im **Klaren;** im **Wesentlichen;** Im **Allgemeinen;** im **Trüben;** auf dem **Laufenden;** das **Weite;** aufs **Ganze;** im **Folgenden**

2 **das** Ganze; **auf dem** Laufenden; **auf** Russisch und **auf** Englisch; **ins** [in + das] Schwarze; **vorm** [vor + dem] Ärgsten; **ins** [in + das] Ungewisse; **zum** [zu + dem] Besten; **des** Näheren

Seite 53

3 a) Wir hören Weise reden.
b) Wir hören weise Reden.

a) Einige schüchterne Kinder wollten Forscher werden.
b) Einige schüchterne Kinder wollten forscher werden.

a) Schau, die Schöne naht.
b) Schau, die schöne Naht.

4 Die kräftige **Kleine**; Der **kleine** Junge
Die **rote** Farbe; auf **Rot**
die wenigen **Reichen**; der **reiche** Bankier
Das **Neugeborene**; das **neugeborene** Kalb
das **alte** Auto; das **Alte**
zwei **Tote**; zwei **tote** Kaninchen

Seite 54

1 etwas Außergewöhnliches; nichts Schlimmes; allerlei Schreckliches; viel Neues; nichts Ernsthaftes

2 etwas Besonderes; alles Übrige; viel Krasses und Grelles; allerlei Glitzerndes; etwas Verrücktes; etwas Passendes; alles Auffällige; etwas Neues; allerlei Schmückendes

Seite 55

1 Samstagnachmittag; mittags; Nachmittag; gestern; vorgestern; späten Sonntagnachmittag; gestern Abend; gestern; vorgestern; Freitagnachmittag

Seite 56–57

1 **Mehrteilige Eigennamen mit Bindestrich:**
Namen-Jesu-Kirche, Beethoven-Haus, Bertha-von-Suttner-Platz, Friedrich-Wilhelms-Universität, Mineralogisch-Petrologisches Museum, Ernst-Moritz-Arndt-Haus
Mehrteilige Eigennamen mit Bestandteilen, die keine Nomen sind:
Alte Freitreppe, am Alten Zoll, Kurfürstliches Residenzschloss, Botanischer Garten
Herkunftsbezeichnungen mit Ableitungen auf -er:
Bonner Hauptbahnhof, Bonner und Wiener Zeit, Koblenzer Tor, Poppelsdorfer Schloss
Herkunftsbezeichnungen mit Ableitungen auf -isch:
kurkölnische Festungsanlage, griechische und römische Vasen

2 **Ableitungen auf -er:**
Kölner Dom, Bremer Stadtmusikanten, Hamburger Hafen, Wiener Schnitzel, Nürnberger Christkindlmarkt, Heidelberger Schloss, Dresdner Zwinger
Ableitungen auf -isch:
französischer Wein, italienischer Salat, römische Zahlen
Vorsicht, Eigenname: Bayerischer Wald, Indischer Ozean

Seite 59

1 **Mögliche sprachliche Ausdrücke:**
bekannt sein, bekannt werden, bekannt bleiben; kommen lassen; spazieren gehen; vorhanden sein; liegen bleiben, liegen lassen; beisammen sein, beisammen bleiben; getrennt schreiben, getrennt bleiben, getrennt sein, getrennt werden; gesagt sein lassen, gesagt bekommen; geliehen werden, geliehen bekommen

Seite 60

2
2. Der Chef schlussfolgert.
3. Der Angeklagte wurde freigesprochen.
4. Die Gewalttaten werden gebrandmarkt.
5. Wichtige Fakten wurden geheim gehalten.
6. Die Kinder haben ferngesehen.
7. Nach der Wahl wird hochgerechnet.
8. Die Adverbien werden kleingeschrieben.
9. Die Regierung hat bekannt gemacht.
10. Die Besucher haben Schlange gestanden.
11. Wortgruppen werden getrennt geschrieben.
12. Die Kraftfahrer werden Auto fahren.
13. Die Gäste waren zufrieden gestellt.
14. Die Klasse ist Ski gelaufen.
15. Die Schauspielerin hat frei gesprochen.
16. Die Erdbebenopfer werden Not leiden.
17. Madam M. hat gewahrsagt.
18. Die neue Schülerin wird Klavier spielen.
19. Nomen werden großgeschrieben.

Seite 61

3 2. zu fassen; 3. zuzunähen; 4. zuzuhören; 5. zu sehen; 6. zugewiesen; 7. zusagen; 8. zuzulassen; 9. zu sagen; 10. zusehen; 11. zuzusetzen; 12. zu teilen; 13. zuschlagen; 14. zu setzen; 15. zuzuteilen

Seite 62

1 Apposition: Beistellung, nähere Erläuterung
Annonce: Zeitungsanzeige
Blamage: Peinlichkeit, Bloßstellung
Courage: Mut
Diskussion: Gesprächsrunde
Experiment: Versuch
Fete: Feier
Gendarm: Polizist
Hektik: Eile
Indiz: Beweis
Jeans: Hose aus Baumwollstoff
Kaffee: aus Kaffeebohnen zubereitetes Getränk
Lexikon: Nachschlagewerk
Manager: Leiter eines Unternehmens
Notiz: Vermerk
Opposition: Widerstand, Widerspruch
Passagier: Flug-, Fahrgast
Rhythmus: gleichmäßige Bewegung
Saison: Zeitabschnitt
Toilette: Klo
Universum: das Weltall
Ventil: Absperrvorrichtung für Einlass, Auslass oder Durchlass von Gasen oder Flüssigkeiten
Worldcup: Weltmeisterschaft
Zensur: Note für eine Leistung

Seite 63

2 Pizza, Rock 'n' Roll, Ikea-Regal, Asterix, Döner Kebab, Mitsubishi, Jogging, Cevapcici, Queen, Big-Mac, Mallorca, T-Shirt, Gameboy; okay

Seite 64

4 1. Direkt; 2. Omnibus; 3. Labor; 4. Material; 5. Export; 6. Thermometer; 7. Stereo; 8. Chance; 9. Hektik; 10. Exempel; 11. Regisseur
Das Lösungswort lautet: **Dolmetscher.**

Seite 65

1 1. Schu-le; 2. ge-nau; 3. War-nung; 4. Rah-men; 5. to-ben; 6. Per-son; 7. ges-tern; 8. bil-den; 9. Leh-rer; 10. Lei-tung; 11. me-ckern; 12. E-lend; 13. Ord-nung; 14. e-ben; 15. Ku-chen; 16. I-dee; 17. U-fer; 18. ki-chern

2
1. Baum-haus, Baum-stamm; Häuser-block; Block-haus; Stamm-buch, Stamm-baum, Stamm-haus
2. Mann-schaft; Land-tier, Land-schaft, Land-mann; Tier-freund; Freund-schaft
3. Ab-fahrt, Ab-weg; Fahrt-weg; Rück-fahrt, Rück-weg, Rück-zug; Zug-fahrt; Weg-fahrt

Seite 66

3 Kat-**ze**, Müt-**ze**, Rit-**ze**, Tat-**ze**, krat-**ze**
schmut-**zig**, wit-**zig**, krat-**zig**, ein-**zig**
Wes-**pe**, Es-**pe**, Knos-**pe**, Ris-**pe**
Karp-**fen**, trop-**fen**, Schnup-**fen**, imp-**fen**
Wes-**ten**, muss-**ten**, Las-**ten**, Hus-**ten**, mäs-**ten**

4 me-ckern; Dra-che; Schne-cke; Colafla-schen; la-chen

Seite 67

6 ei-nen, Denk-zet-tel, woll-te (2x), de-nen (3x), ge-ben, ein-ja-gen (2x), soll-ten (2x), end-lich, wis-sen, ge-se-hen, fin-den, al-le (4x), Na-men, nen-nen, Er-wach-se-nen (3x), re-den (3x), ha-ben (3x), kei-nen, knei-fen, ge-tan, ver-steht (2x), wa-rum/war-um, ge-gen, Gan-ze, un-glück-li-cher (3x), Zu-fall (3x), schließ-lich (2x), biss-chen, wol-len (2x), da-mit, zu-rück-ge-hen, A-na-to-li-en (3x), a-ber (3x), an-de-ren, Trep-pen-haus, aus-ge-rech-net (2x), die-sem, A-bend, Kin-der (3x), o-be-ren, Woh-nung (2x), al-lein, wa-ren, un-te-re, viel-leicht (2x), die-se, Tür-ken (2x), häus-li-cher, wer-den, El-tern, je-den-falls (2x), er-wischt, hät-ten, schö-nes, Le-ben, kön-nen, ge-blie-ben, wä-ren, wä-re, ih-nen, über-haupt, pas-siert, Auf-re-gung, lie-ben, Ge-sül-ze, kotz-ü-bel, vor-her, an-ders, ge-re-det, na-tür-lich, ei-gent-lich, kei-ne

Seite 68

1

KUMMER	PACKER	ROTTE
KAMMER	RACKER	RATTE
HAMMER	HACKER	MATTE
HUMMER	HOCKER	LATTE
NUMMER	ZOCKER	LETTE
SUMMER	ZUCKER	KETTE
SOMMER	MUCKER	WETTE
		WATTE

SETZE	KIPPE
SÄTZE	RIPPE
SITZE	SIPPE
HITZE	SUPPE
RITZE	KUPPE
RATZE	KAPPE
TATZE	RAPPE
KATZE	LAPPE

2

der Damm	die Dämme
der Kummer/der Kuss	kümmern/küssen
der Pfiff	die Pfiffe
der Zorn	zornig
der Beginn	beginnen
das Hemd	die Hemden
der Stopp	stoppen
die Schrift	die Schriften
er schritt	wir schritten
er biss	wir bissen
der Pass	die Pässe
der Gast	die Gäste
der Kamm	die Kämme
der Saft	die Säfte

Bei **Nest, Zorn, Hemd, Schrift, Gast** und **Saft** folgen auf betonten kurzen Vokal zwei Konsonanten.

Seite 69

3 Schreck, erschrecken, schrecklich, Schreckgespenst
Platz, platzieren, platzen, Platzwunde
Unterricht, unterrichten, Unterrichtung, Unterrichtsfach
Interesse, interessieren, interessant
Praxis, praktizieren, praktisch
Spaziergang, spazieren, Spazierweg, Spaziergänger

4 Pikkolo, Akten, perfekt, Makkaroni, Konstruktion, Objekt, akkurat, Akkord, Konflikt

Seite 70

1

lesen	ich las	sie lasen
tragen	ich trug	sie trugen
graben	ich grub	sie gruben
sein	ich war	sie waren
tun	ich tat	sie taten
verlieren	ich verlor	sie verloren
bekommen	ich bekam	sie bekamen

2 einmal – Wal – Qual – Tal – Plan – Kran – Schnur – stur

3 1. Blut – Brut; 2. Trab – Grab; 3. Flur – stur;
4. Grube – Stube; 5. zwar – klar; 6. Krug – klug;
7. Blume – Krume; 8. Träne – Späne

Seite 71

1 **zum Beispiel:** Bohle(n), buhlen, Dohle(n), fohlen/Fohlen, johlen, kahl, kehlig, Kehle(n), Kohl, Kohle(n), Kuhle(n), Mahl, mahlen, Mehl, mehlig, Sohle(n), suhlen, Stahl, stehlen, stahlen, Stuhl, Wahl, Wohl, wohler, wohlig, Zahl, Zahlen/zahlen

Abnahme(n), abnehmen, Annahme(n), annehmen, Einnahme(n), einnehmen, Entnahme(n), entnehmen, Lahme, lahmen, Lehm, lehmig, Rahm, Rahmen, rahmig, Ruhm, Vornahme(n), vornehmen, zahm, Zunahme(n), zunehmen

Bahn, bahnen, Bahnhof, Bohne(n), Bohner, bohnern, Buhne, dehnen, Dehnung, Dohne(n), fahnden, Fahndung, Fahne(n), Fehn, Hahn, Hohn, Huhn, Kahn, Lahn, Lehne, lehnen, Lohn, lohnen, mahnen, Mahner, Mahnung, Mohn, Sahne, sahnig, Sehne, sehnen, sehnig, Sohn, Wahn, Wahnsinn, wohnen, wohnhaft, Wohnung, Wuhne, Zahn, Zahnarzt, zahnen, Zahnung, zehn, Zehner, Ahn(e), ahnden, Ahndung, ahnen, Ahnin, Ahnung, ohne, Ohnmacht

Bahre, bohren, Bohrer, Bohrung, fahren, Fahrer, Fahrplan, Fahrt, Fahrweg, Fahrzeug, Fuhre(n), Fuhrpark, Fuhrwerk, Jahr(e), jahrein, Jahrmarkt, Jahrzehnt, Kehre, kehren, Kehrwert, Lehre, lehren, Lehrer, Lehrerin, Lehrling, Lehrzeit, mehr, mehren, Mehrheit, Mehrling, Mehrung, Mehrwert, Mehrzahl, Mohr, Nahrung, Nehrung, Rohr, Rohrblatt, Rohrbruch, Ruhr, sehr, wahr, wahren, wahrhaft, Wahrheit, wahrlich, Wahrung, Wehr, wehren, wehrhaft, Wehrmacht, zehren, ehrbar, Ehre, ehren, Ehrung, Ohr(en), Ohrfeige, Uhr(en), Uhrwerk

Seite 72

2 befehlen, er befiehlt, sie befahl, befehlend, befohlen, der Befehl
fliehen, er flieht, sie floh, fliehend, geflohen, die Flucht
sehen, er sieht, sie sah, sehend, gesehen, die Sicht
ziehen, er zieht, sie zog, ziehend, gezogen, der Zug
leihen, er leiht, sie lieh, leihend, geliehen, die Leihgabe
nähen, er näht, sie nähte, nähend, genäht, die Naht

Ausnahmen, in denen das **h entfällt:** die Flucht, die Sicht, sie zog, gezogen, der Zug

3

abkühlen	die Abkühlung
ähnlich	die Ähnlichkeit
gewöhnen	die Gewöhnung
wähnen	der Wahn
fühlen	das Gefühl
berühmt	die Berühmtheit
wählen	die Wahl
jährlich	das Jahr
belohnen	die Belohnung
zähmen	die Zähmung
sahnig	die Sahne
zäh	die Zähheit
rühmen	der Ruhm
erfahren	die Erfahrung
verhöhnen	der Hohn
rühren	die Rührung
nähren	die Nahrung
fahren	die Fahrt
wühlen	das Gewühl
kühl	die Kühle
lähmen	die Lähmung
zählen	die Zahl
sühnen	die Sühne
bedrohen	die Bedrohung
höher	die Höhe
ruhig	die Ruhe
mühen	die Mühe
hohl	die Höhle
verkehren	der Verkehr

Seite 73

4 a) in die Röhre gucken – die Fernsehröhre
ein Hühnchen rupfen – das Hühnerfleisch
von der Bühne abtreten – das Bühnenbild
Wasser auf seine Mühle – das Mühlrad
ein paar Jahre kriegen – Geburtsjahr

b) 3 – 5 – 2 – 1 – 4

Seite 74

1 verlieben, verbiegen, versieben, verschieben, belieben, besiegen, fliegen, kriegen

schmieren, Schlieren, erbieten, erfrieren, verbieten, vermieten, verzieren, verlieren

ausziehen, ausspielen, abziehen, abzielen, abschieben, abspielen, entfliehen, entziehen, erbieten, erspielen, erzielen, verbieten, verspielen, verschieben, verziehen

Seite 75

2 bleiben, ich blieb, wir blieben, ihr bliebet
blasen, ich blies, wir bliesen, ihr blieset
leihen, ich lieh, wir liehen, ihr liehet
meiden, ich mied, wir mieden, ihr miedet
preisen, ich pries, wir priesen, ihr prieset
scheiden, ich schied, wir schieden, ihr schiedet
stoßen, ich stieß, wir stießen, ihr stießet

3

der Export	exportieren
der Import	importieren
die Regierung	regieren
die Addition	addieren
die Schikane	schikanieren
die Notiz	notieren
das Interesse	interessieren

4 1. Demokratie; 2. Energie; 3. Biologie; 4. Fotografie; 5. Epidemie; 6. Biografie; 7. Symmetrie

Das Lösungswort lautet: **Melodie**

Seite 76

5 1. Musik; 2. Maschine; 3. Brise; 4. Tiger; 5. Kilogramm; 6. Liter; 7. Krise; 8. Kino; 9. Benzin

Das Lösungswort lautet: **Margarine**

6 a) W**ie**derkehr, W**ie**deraufbau, W**ie**derholung, erw**i**dern, w**ie**derbeleben, w**ie**derum, w**i**derwillig, W**ie**dergutmachung, W**i**dersacher, w**i**derlegen, W**i**derstand, w**i**derspiegeln

b) w**i**derlegen; W**ie**derholung; W**ie**dergutmachung; W**i**dersacher; w**i**derwillig; W**i**derstand; W**ie**derkehr; W**ie**deraufbau; erw**i**dern; w**ie**derum

Seite 77

1 1. groß; 2. Messe; 3. Nase; 4. Nuss; 5. Pass; 6. Ross

Das Lösungswort lautet: **Genuss**

2

das Maß	des Maßes/die Maße
das Glas	des Glases/die Gläser
der Strauß	des Straußes/die Sträuße
die Maus	die Mäuse
der Kloß	des Kloßes/die Klöße
das Moos	des Mooses/die Moose
der Steiß	des Steißes/die Steiße
der Reis	des Reises
der Schweiß	des Schweißes
der Greis	des Greises/die Greise
der Fleiß	des Fleißes
der Preis	des Preises/die Preise
das Floß	des Floßes
das Los	des Loses/die Lose

Seite 78

3 genießen, sie genießt, sie genoss, der Genuss
messen, er misst, er maß, das Maß
schießen, sie schießt, sie schoss, der Schuss
fressen, es frisst, es fraß, das Fressen
schließen, sie schließt, sie schloss, das Schloss
vergessen, er vegisst, er vergaß, die Vergesslichkeit
beißen, sie beißt, sie biss, der Biss
wissen, sie weiß, sie wusste, das Wissen
fließen, es fließt, es floss, der Fluss
reißen, es reißt, es riss, der Riss
gießen, sie gießt, sie goss, der Guss
erlassen, er erlässt, er erließ, der Erlass
müssen, es muss, es musste, das Muss

Seite 79

1
1. Beim ersten Lesen Wichtiges markieren.
2. Den Text nochmals lesen und in Sinnabschnitte gliedern.
3. Die W-Fragen beantworten.
4. Abschnitte stichwortartig zusammenfassen.
5. Einen Einleitungssatz formulieren.
6. Stichworte ausformulieren.

Seite 80

4 b) **Z. 7–12:** Tochter widersetzt sich Heiratsplänen des Vaters
Z. 13–18: Vater sperrt Tochter in Burgverlies ein
Z. 19–24: Tochter stirbt im Burgverlies, Geist überlebt
Z. 25–30: Geist der Tochter streicht durch Burg

Seite 81

5
2. Textsorte, Titel und Name des Autors fehlen; Thema ungenau: Handlung zwischen den Personen wird nicht beschrieben.
3. Textsorte und Name des Autors fehlen; Thema ungenau: Von wem ist das Kind? Zu was soll es gezwungen werden?
4. Textsorte und Titel fehlen; Thema ungenau: Handlung nicht benannt.
5. Name des Autors fehlt; Thema ungenau: Berufsstand des Vaters sowie Begründung für Kerkerhaft ungeklärt.

Seite 82

9
1. alle wörtlichen Reden (**fett**)
2. alle Verben im Präsens (———)
3. alle Verben im Präteritum (-------------)
4. alle Verben im Perfekt(··············)

Clemens Brentano
Lore Lay

Zu Bacharach am Rheine
Wohnt' eine Zauberin,
Sie war so schön und feine
Und riss viel Herzen hin.

Und brachte viel zu Schanden
Der Männer ringsumher;
Aus ihren Liebesbanden
War keine Rettung mehr.

Der Bischof ließ sie laden
Vor geistliche Gewalt –
Und musste sie begnaden,
So schön war ihr' Gestalt.

Er sprach zu ihr gerühret:
„Du arme Lore Lay!
Wer hat dich denn verführet
Zu böser Zauberei?“ –

„Herr Bischof, lasst mich sterben!
Ich bin des Lebens müd,
Weil jeder muss verderben,
Der meine Augen sieht!

Die Augen sind zwei Flammen,
Mein Arm ein Zauberstab –
O, legt mich in die Flammen,
O, brechet mir den Stab!“ –

„Ich kann dich nicht verdammen,
Bis du mir erst bekennt,
Warum in deinen Flammen
Mein eigen Herz schon brennt!

Den Stab kann ich nicht brechen,
Du schöne Lore Lay!
Ich müsste dann zerbrechen
Mein eigen Herz entzwei!“ –

„Herr Bischof, mit mir Armen
Treibt nicht so bösen Spott,
Und bittet um Erbarmen
Für mich den lieben Gott!

Ich darf nicht länger leben,
Ich liebe keinen mehr –
Den Tod sollt Ihr mir geben,
Drum kam ich zu Euch her!

Mein Schatz hat mich betrogen,
Hat sich von mir gewandt,
Ist fort von hier gezogen,
Fort in ein fremdes Land.

Die Augen sanft und wilde,
Die Wangen rot und weiß,
Die Worte still und milde,
Das ist mein Zauberkreis.

Ich selbst muss drin verderben,
Das Herz tut mir so weh;
Vor Schmerzen möcht ich sterben,
Wenn ich mein Bildnis seh.

Drum lasst mein Recht mich finden,
Mich sterben wie ein Christ,
Denn alles muss verschwinden,
Weil er nicht bei mir ist!"

Drei Ritter lässt er holen:
„Bringt sie ins Kloster hin!
Geh, Lore! – Gott befohlen
Sei dein berückter Sinn!

Du sollst ein Nönnchen werden,
Ein Nönnchen schwarz und weiß,
Bereite dich auf Erden
Zu deines Todes Reis'!"

Zum Kloster sie nun ritten,
Die Ritter alle drei,
Und traurig in der Mitten
Die schöne Lore Lay.

„O Ritter, lass mich gehen
Auf diesen Felsen groß,
ich will noch einmal sehen
Nach meines Lieben Schloss.

Ich will noch einmal sehen,
Wohl in den tiefen Rhein
Und dann ins Kloster gehen
Und Gottes Jungfrau sein."

Der Felsen ist so jähe,
So steil ist seine Wand,
Doch klimmt sie in die Höhe,
Bis dass sie oben stand.

Es binden die drei Ritter
Die Rosse unten an
Und klettern immer weiter
Zum Felsen auch hinan.

Die Jungfrau sprach: **„Da gehet**
Ein Schifflein auf dem Rhein,
Der in dem Schifflein stehet,
Der soll mein Liebster sein!

Mein Herz wird mir so munter,
Er muss mein Liebster sein!" –
Da lehnt sie sich hinunter
Und stürzet in den Rhein.

Die Ritter mussten sterben,
Sie konnten nicht hinab;
Sie mussten all verderben,
Ohn' Priester und ohn' Grab.

Wer hat dies Lied gesungen?
Ein Schiffer auf dem Rhein,
Und immer hat geklungen
Von dem Dreiritterstein:
Lore Lay!
Lore Lay!
Lore Lay!
Als wären es meiner drei.

Seite 83

10
a) Präsens
b) Präteritum
c) riss → reißt; ließ → lässt; musste (3x) → muss; sprach (2x) → spricht; kam → komme; ritten → reiten; stand → steht; konnten → können; wären → seien
d) Z. 77, Z. 78, Z. 79; Z. 81/82; Z. 83; Z. 91/92
e) Zeitwechsel dient der Spannungssteigerung.

Seite 84

11
Z. 14–16: Der Bischof will von Lore Lay wissen, wer sie zur Zauberei verführt hat.
Z. 17–24: Lore Lay bittet den Bischof sie zu töten.
Z. 25–32: Der Bischof aber erwidert, dass er ihr selbst verfallen ist.
Z. 33–56: Lore Lay erklärt, dass sie auf Grund einer unglücklichen Liebe zur Zauberin geworden ist.
Z. 58–64: Der Bischof bestimmt Lore Lay zur Nonne.
Z. 69–76: Lore Lay bittet die Ritter, sie noch ein letztes Mal den Rhein sehen zu lassen.
Z. 85–90: Lore Lay sagt, dass ein Schiffer ihr Liebster sein soll.
Z. 101–104: Vom Rhein ertönt ein dreimaliger Ruf nach Lore Lay.

Deutschbuch
Arbeitsheft
7

Rechtschreibung,
Grammatik,
Texte schreiben,
Lesetraining,
Arbeitstechniken

Herausgegeben von
Heinrich Biermann und Bernd Schurf

Erarbeitet von
Jan Diehm,
Christel Ellerich,
Cordula Grunow,
Angela Mielke
und Andrea Wagener

Cornelsen

1 2 3 } Aufgaben mit erhöhtem Schwierigkeitsgrad

Du kannst dieses Arbeitsheft auch bei der **Freiarbeit** verwenden. Mit dem **Lösungsheft** kannst du deine Lernergebnisse selbst überprüfen.

Wie verbessere ich meine Aufsätze?

1. Textüberarbeitung: Ein Unfall im Treppenhaus

Evi hat in ihrer Schule einen Unfall beobachtet und soll als Unfallzeugin für die Schulversicherung berichten. Sie fertigt erst einen Berichtentwurf an, den sie dann gemeinsam mit ihrer Freundin überarbeitet.

Entwurf

(1) Ich ging am Ende der zweiten Hofpause die Haupttreppe hinauf. Auf der Treppe herrscht in den Pausen immer großes Gedränge. Ich befand mich gerade im zweiten Stock. Da sah ich, wie der Unfall passierte.

(2) Ich blickte hoch zum dritten Stock. Ich bemerkte den Schüler Christian. Christian ist ein Schüler der Klasse 7b. Christian setzte sich auf das Geländer. Dann versuchte er herunterzurutschen. Christian wird von Mitschülern angestoßen. Er fällt zwischen die Geländerteile der Treppe. Er fällt alle drei Stockwerke hinunter.

(3) Die Schüler im Erdgeschoss stießen laute Schreie aus und bildeten einen Ring um Christian, der mit verrenkten Gliedern am zerbrochenen Blumenkübel lag.

(4) Unser Physiklehrer kam hinzu, brachte Christian in eine richtige Lage und überprüfte, ob er lebte. Er schickte einen Schüler in das Sekretariat. Das Sekretariat alarmierte einen Rettungswagen.

(5) Mit Blaulicht und Sirene kam der Krankenwagen nach kurzer Zeit. Die Sanitäter liefen schnell und leisteten erste Hilfe. Sie betteten ihn auf eine Trage und brachten ihn zum Rettungswagen. Der Krankenwagen fuhr dann zum nächsten Krankenhaus.

(6) Christian prallte beim Sturz gegen Treppenvorsprünge und Geländerteile. Das milderte seinen Sturz etwas.

(7) Es war am 1. 12. 1997. Es war ein Freitag. Der Unfall war um 11.44 Uhr.

Überarbeitung

(1) Am Ende der zweiten Hofpause ging ich die Haupttreppe hinauf, auf der in den Pausen immer großes Gedränge herrscht. Ich befand mich gerade im zweiten Stock, als der Unfall passierte.

Verfahren

Umstellprobe, Ersatzprobe, Weglassprobe, Satzverknüpfung durch Konjunktionen

1 Überprüfe die Reihenfolge der Textabschnitte. Schreibe die Nummern der Textabschnitte in der richtigen Reihenfolge auf:

2 Den ersten Textabschnitt haben Evi und ihre Freundin bereits überarbeitet. Wenn du die Überarbeitung mit dem Entwurf vergleichst, siehst du, dass sie inhaltlich eng zusammengehörende Textteile auch sprachlich verknüpft haben. Sie haben hierbei auch verschiedene Proben angewendet. Überarbeite nun in gleicher Weise den Textabschnitt 2 in deinem Heft.

3 Überlege bei **Textabschnitt 3,** ob er für einen Unfallbericht an die Versicherung oder aber für einen Schülerzeitungsartikel wichtig ist. Begründe deine Entscheidung.

Der Abschnitt ist wichtig für ______________________

____

Der Abschnitt ist nicht wichtig für ______________________

____

4 Evi und ihre Freundin überlegen sich zu **Textabschnitt 4** folgende Verbesserungen.
Kreuze die Wendung an, die du als Verbesserung empfehlen würdest. Begründe deine Entscheidung.

- ☐ Unser stets aufmerksamer Physiklehrer
- ☐ Unser Physiklehrer Herr Urff
- ☐ Unser beliebter Physiklehrer
- ☐ Unser als Sanitäter ausgebildeter Physiklehrer

Begründung: ______________________

- ☐ … in eine gesunde Lage
- ☐ er drehte ihn um
- ☐ … in eine stabile Seitenlage

Begründung: ______________________

- ☐ … überprüfte seinen Gesundheitszustand
- ☐ … kontrollierte sein Herzklopfen
- ☐ … überprüfte Pulsschlag und Atem
- ☐ … horchte den Atem ab

Begründung: ______________________

5 Bei **Textabschnitt 5** überlegen die beiden Freundinnen sich folgende Verbesserungen.
a) Kreuze bei folgenden Umstellproben die sinnvolle Wendung an:

- ☐ Der Krankenwagen kam mit Blaulicht und Sirene nach kurzer Zeit.
- ☐ Nach kurzer Zeit kam der Krankenwagen mit Blaulicht und Sirene.

b) Kreuze die sinnvolle Wortwahl an.

- ☐ eilten
- ☐ liefen hastig
- ☐ sprangen
- ☐ rannten

6 In **Textabschnitt 7** ist das Verb „war" stilistisch schlecht. Welches Verb würdest du empfehlen?

- ☐ sich ereignen
- ☐ passieren
- ☐ stattfinden
- ☐ geschehen
- ☐ sich vollziehen

7 Schreibe den vollständigen Unfallbericht in dein Heft.

2. Berichtigung der Rechtschreibfehler

Matthias verfasst eine Erzählung, die aber einige Fehler enthält:	Fehlerzeichen
Eines morgens ging ein nachläßig gekleideter Fremder in den Wald weil er Pilze	N,
suchen wollte und überhaubt einmal ausspannen wollte. Er ging immer tiefer in den	
Wald hinein als es aufeinmal zu regnen an fing. Blitze zukten am Himmel. Der	
Donner krachte über ihm. Der Fremde wollte den Wald verlassen, doch er fand den	
Weg nicht mehr zurück. Auf einer Lichtung entdeckte er entlich einen Hohlen	
Baum, in den er sich hinein setzte. Er wollte darauf warten, dass der Reg-	
en auffhörte. Hin und wieder lukte er durch das Loch im Baum ...	

1 a) Unterstreiche die Fehler, die du finden kannst.
b) Kennzeichne in der rechten Spalte die Fehler mit den Fehlerzeichen aus der folgenden Checkliste:

So berichtige ich meine Rechtschreibfehler	Fehlerzeichen
Das ist ein **Nomen.** ➔ Ein passendes Nomensignal suchen und es zusammen mit dem Nomen aufschreiben	N
Das ist **kein Nomen.** ➔ Gegensatzpaare bilden, z. B.: *abends – am Abend; richtig – mit Recht*	~~N~~
Lautprinzip beachten: Beim deutlichen Sprechen hört man oft, wie ein Wort geschrieben wird. ➔ Das Wort langsam und deutlich sprechen und dreimal schreiben	L-P
Stammprinzip beachten: Den Wortstamm schreibt man in allen Ableitungen gleich. ➔ Das Fehlerwort von einem verwandten Wort ableiten und beide aufschreiben, z. B.: *fällig – fallen* ➔ Das Fehlerwort verlängern, z. B.: *Wald – Wälder*	St-P
Auf die **Wortbausteine** vor und hinter dem Stamm achten (Präfix/Suffix) ➔ Drei weitere Wörter mit demselben Wortbaustein notieren, z. B.: *ent-schuldigen, ent-laden, ent-flechten; folg-lich, freund-lich, süß-lich*	WB
Dieses **Fremdwort** wird anders geschrieben. ➔ Im Wörterbuch nachschlagen, die Herkunftssprache hinter das Wort schreiben	F
Hier ist der **s-Laut** falsch geschrieben. ➔ Das Wort aufschreiben und eine Verlängerungsprobe oder ein Parallelbeispiel dazu notieren, z. B.: *Gras – Gräser, Fuß – Füße; außen – draußen*	S
Fehler bei der **Getrennt- und Zusammenschreibung** ➔ Den Ausdruck aufschreiben und ein Parallelbeispiel nennen, z. B.: *beisammen sein, da sein; langweilen, handhaben*	G-Z
Falsche **Trennung** ➔ Das Wort nach Silben getrennt aufschreiben	Tr
Auf die **Satzzeichen** achten ➔ Den ganzen Satz noch einmal abschreiben	Z

2 Schreibe nun die Berichtigung entsprechend den Anweisungen der Checkliste in dein Heft.

Berichten

Knapp und sachlich berichten

Je nachdem, für welchen **Adressaten** und zu welchem **Zweck** du über ein Ereignis berichtest, verändert sich das Ergebnis.

Texte, die über einen Vorgang genau berichten (z. B. für die Polizei oder für Versicherungen), müssen knapp und präzise und in der richtigen Reihenfolge über **Tatsachen** informieren. Sie enthalten keine unwichtigen Informationen, keine persönlichen Eindrücke und Meinungen.

- Wichtig ist, dass du deinen Bericht **sachlich** abfasst und dich auf das Wesentliche konzentrierst.
- Beantworte nur die so genannten **W-Fragen:** *Wer? Was? Wo? Wann? Wie? Warum? Welche Folgen?*
- Ein Bericht informiert über ein Geschehen, das sich ereignet hat und sich so nicht wiederholt; Tempus ist deshalb das **Präteritum.**

In einer Fußgängerzone, in der auch Radfahren erlaubt ist, ereignete sich ein Unfall. Mehrere Beteiligte äußern sich:

Maria M.: „Ich wollte gerade den Supermarkt verlassen. Da gab es heute Grillkohle und Würstchen im Angebot. Ich habe gleich zwei Säcke Kohle und drei Familienpackungen Grillwürste gekauft und wollte wie gesagt mit den voll gepackten Tüten durch den Ausgang zurück in die Fußgängerzone. Ich hatte es eilig, es war ja Samstagmittag, nur noch fünf Minuten bis zwei Uhr und ich musste noch dringend zur Apotheke. Pegasus zog unheimlich an der Leine, ich konnte ihn kaum halten. Als ich mich nun endlich aus dem Ausgang hinausgedrängelt hatte und Pegasus mich ins Freie zerrte, spürte ich plötzlich einen Ruck. An mehr kann ich mich nicht erinnern. Ich muss wohl kurz bewusstlos gewesen sein. Und nun liege ich hier mit einem dreifachen Bruch im Oberarm; die Gartenparty zu meinem Fünfzigsten kann ich wohl vergessen …“

Geschäftsführerin Vanessa v. T.: „Unsere Weinhandlung liegt genau gegenüber dem Supermarkt ‚Mega MA‘ an der Traunsteingasse. Wir konnten also alles genau beobachten. Ich wies gerade unseren neuen Mitarbeiter Herrn Richard N. ein. Wir standen vor dem Schaufenster und berieten uns über die Dekoration. Da sehe ich diese mit etlichen Tüten voll gepackte Frau aus dem Supermarkt kommen. Ich denke noch: Wie kann man so viel tragen?! Und dann noch diesen gewaltigen Hund an der Leine! Plötzlich springt der Hund mit einem riesigen Satz zur Seite quer über die Fußgängerzone auf einen Pudel zu, den ein Herr ausführte. Die Frau konnte sich kaum halten und wurde hinterhergezogen. Ausgerechnet in diesem Moment kommt von links der Radfahrer und fährt zwischen Frau und Hund in die Leine hinein, sodass beide stürzen.“

Paul O.: „Ich bog mit meinem Fahrrad von der Holzstraße in die Fußgängerzone Traunsteingasse in Richtung Schule ein. Dort ist Radfahren ausdrücklich erlaubt. Trotzdem bin ich immer sehr vorsichtig, man weiß ja nie: Plötzlich bleibt einer stehen oder wechselt unvermittelt die Richtung und schon ist es passiert. Ich habe die Frau mit dem Hund nicht kommen sehen. Ich erinnere mich nur noch an ein riesiges dunkles Vieh, das mir plötzlich von rechts vor das Fahrrad sprang. Ich konnte nicht mehr bremsen und auch nicht ausweichen und geriet bei voller Fahrt mitten in die gespannte Hundeleine hinein. Die Frau fiel natürlich sofort hin und ich stürzte wenige Augenblicke später. Dabei fiel meine Tasche aus dem Korb hinter dem Sattel und die Bilderrahmen, die ich transportierte, zerbrachen. So etwas ist mir mit meinen 45 Jahren noch nicht passiert!“

Anwohnerin Brigitte B.: „Ich traue mich gar nicht mehr aus dem Haus! Wenn man nun schon nicht mehr in den Fußgängerbereichen sicher ist, wo sollen wir alten Leute denn noch gehen? Es hat zwar noch keine schweren Unfälle gegeben, aber immerhin häufen sich die Zusammenstöße und Alte sind da besonders gefährdet. Die Bürgerinitiative ‚Mehr Sicherheit für Radfahrer' hat meiner Ansicht nach nicht wenig Schuld; die Räder sollen einerseits weg von der Fahrbahn, andererseits gefährden nun die Radfahrer die Fußgänger. Dabei haben Umfragen doch ergeben, dass dies keine endgültige Lösung sein kann. Vor zwei Wochen habe ich im Lokalanzeiger noch gelesen, dass laut Umfrageergebnis 80 % der Bewohner über 60 Jahre dafür sind, das Radfahren in den Fußgängerbereichen wieder zu verbieten. Auch wenn auf der anderen Seite über die Hälfte der Jüngeren, besonders die Schulkinder und deren Eltern, die sich lange für die Erlaubnis eingesetzt haben, ausdrücklich gegen ein solches Verbot sind."

Harald T.: „Ich als Vater von zwei schulpflichtigen Kindern kann nur noch einmal betonen, wie wichtig es auch nach diesem Unfall ist, den Rad fahrenden Jugendlichen weiterhin zu gestatten diesen verkehrsberuhigten Bereich mitnutzen zu dürfen. Die Traunsteingasse mündet schließlich unmittelbar in die Straße vor der Schule. Werden die Schülerinnen und Schüler aus der Fußgängerzone vertrieben, so wird es auch wieder wesentlich schwerere Unfälle auf der stark befahrenen Volksgartenstraße geben. Davon bin ich überzeugt!"

1 Stelle dir vor, du musst als Augenzeuge für die Polizei einen Unfallbericht schreiben. Unterstreiche zunächst in den Aussagen alle wichtigen Informationen, die auf W-Fragen antworten, z. B.: *Samstagmittag (Maria M.)*

2 Verfasse nun einen sachlichen Bericht zu dem Unfallhergang in deinem Heft.

Ausführlich aus persönlicher Sicht berichten

Wenn du nicht nur knappe Informationen über ein Geschehen geben willst, sondern auch über deine Eindrücke und deine Einschätzung berichten möchtest, ändert sich der Schreibstil.

Texte, die aus persönlicher Sicht einem Bekannten (z. B. Freund/Freundin) oder Unbekannten (z. B. Zeitungsleserin/Zeitungsleser) von einem Geschehen berichten, dürfen durchaus auch **Gedanken, Gefühle** und **Meinungen** sowie **spannungssteigernde Ausdrücke** enthalten. Dabei gehen berichtende, erzählende und beschreibende Passagen häufig fließend ineinander über.

Die **Reportage** ist ein solcher tatsachenbetonter, aber auch persönlicher Erlebnisbericht. Durch anschauliche Beobachtungen sollen die Leserinnen und Leser das Gefühl bekommen, dabei gewesen zu sein.

Stelle dir nun vor, du bist Journalistin oder Journalist und hast den Unfall in der Fußgängerzone miterlebt. Nun sollst du einen Bericht über den Unfall für die Zeitung schreiben. Die Leser wollen nicht nur nüchterne Fakten über den Unfallhergang erfahren, sondern auch über Hintergründe informiert werden und die Meinung des Berichterstatters erfahren.

1 Unterstreiche in den Aussagen der Beteiligten und Zeugen nun mit einer geschlängelten Linie auch diejenigen Äußerungen, die für eine ausführliche Reportage interessant sein könnten, z. B.: *„Ich traue mich gar nicht mehr aus dem Haus." (Brigitte B.)* Bedenke, dass nicht unbedingt das Auffällige oder Besondere im Mittelpunkt stehen muss, sondern gerade das Durchschnittliche und Alltägliche aufschlussreich sein kann.

2 Schreibe den ausführlichen Bericht in dein Heft. Am besten beginnst du mit Beobachtungen zum Einzelbeispiel. Durch Zeitsprünge und Wertungen kannst du deinen Bericht spannender und interessanter gestalten.

Beschreiben

Beim Beschreiben von Personen, Bildern, Gegenständen oder Vorgängen kommt es auf **Genauigkeit** an. Jemand, der das Beschriebene nicht sieht, muss so präzise informiert werden, dass er es sich vorstellen kann. Wesentliche Merkmale sollten deshalb in geordneter **Reihenfolge** (vom Auffallenden zu Details, vom Allgemeinen zum Besonderen, vom ersten Arbeitsschritt zum letzten) beschrieben werden. Bei der Wortwahl solltest du auf **Anschaulichkeit** achten (treffende Adjektive, Vergleiche, abwechslungsreiche Verben). Beim Beschreiben wird in der Regel das **Präsens** verwendet.

1. Personen beschreiben

Wenn du eine Person beschreibst, ist es wichtig, das **Typische** und **Auffällige** hervorzuheben. **Zweck und Adressat** (z. B. Fahndung, Porträt) entscheiden, welche Angaben gemacht werden und welcher Schreibstil jeweils angemessen ist (z. B. sachlich, knapp, gefühlvoll, ausführlich). Achte darauf, einzelne Bereiche zusammenhängend zu beschreiben (z. B. nicht zuerst über die Kleidung, dann über das Gesicht, dann wieder über die Kleidung schreiben).

1 Beschreibe die Person auf dem Foto mit jeweils unterschiedlicher Absicht in deinem Heft:
a) Du möchtest deinem Freund am Telefon eine möglichst genaue Vorstellung von deiner japanischen Brieffreundin vermitteln, deren Foto du gerade erhalten hast.
b) Du hast deine Freundin auf dem Bahnsteig aus den Augen verloren und bittest einen Schaffner, dir beim Suchen zu helfen.

Unterstreiche zuerst passende Adjektive:

Gesichtsform: länglich, rundlich, oval, kantig

Stirn: flach, gewölbt, hoch, niedrig

Wangen: eingefallen, pausbäckig, blass, gerötet

Kinn: spitz, markant, rund, vorgeschoben, fliehend

Nase: schmal, breit, kurz, lang, gerade, krumm, stupsig

Augen und Augenausdruck: eng beieinander, blinzelnd, vorstehend, strahlend, streng, traurig, freundlich

Augenbrauen: buschig, geschwungen, gezupft, zusammengezogen

Mund und Lippen: breit, schmal, voll, wulstig, rot, blass, zusammengepresst, aufgeworfen

Mundwinkel und Ausdruck: herabgezogen, verschmitzt, lächelnd, verkniffen

Haare: schulterlang, kurz, stoppelig, drahtig, seidig, fein, gelockt, rötlich, dunkelblond, gescheitelt

Figur und Körperhaltung: groß, klein, schlank, dünn, sportlich, untersetzt, korpulent, aufrecht, gekrümmt

Kleidung: lässig, elegant, ordentlich, heruntergekommen, modern, altmodisch

Tipp: Achte bei der Wortwahl darauf, dass du die Verben „*haben*“ und „*sein*“ nicht zu oft verwendest (Augen können z. B. *schimmern, glänzen, blicken;* Haare *fallen auf die Schultern, stehen ab, hängen).*

2. Bilder beschreiben

Wenn du Bilder beschreibst, sollte die **Reihenfolge** von Wesentlichem und Details, von links und rechts, oben und unten, vorne und hinten klar geordnet sein. Gehe z. B. zuerst vom Gesamteindruck oder auch vom Hauptmotiv aus und erwähne dann erst Einzelheiten.

Katsushika Hokusai: Hängebrücke zwischen den Provinzen Hida und Etchū (japanischer Farbholzschnitt 1834–1835)

2 Betrachte das Bild genau. Notiere dir in Stichpunkten folgende Angaben für eine Bildbeschreibung:

Erster Eindruck, Stimmung: Das Bild wirkt trübe (und blass), man spürt die Stille über der Schlucht

Bildgegenstand (was wird dargestellt?): Das Bild stellt zwei Menschen dar, die über eine Hängebrücke gehen, die über einer tiefen Schlucht verläuft.

Mittelpunkt (worauf wird der Blick gelenkt?): Der Blick fällt auf die beiden Menschen auf der Hängebrücke

Farben: sandfarben, tannengrün, schwarz, vergilbtes weiß, hellblau

Vordergrund: die steile Felswand, an der das hintere* Ende der Brücke befestigt ist

Mittelgrund: die Brücke, die Menschen, der Felsen, an dem das andere*

Hintergrund: eine dunkler schwarzer Felsen, der blaue Himmel

Beziehung der Bildgegenstände zueinander:

3 Beschreibe nun das Bild mit Hilfe der Stichpunkte in einem zusammenhängenden Text. Benutze dazu dein Heft. Vergiss nicht, zuerst Maler, Titel, Jahr und Technik zu nennen.

3. Gegenstände beschreiben – Funktionen erklären

Wenn du einen Gegenstand beschreibst, informierst du am besten zunächst über den **Gegenstand als Ganzes.** Dann erst folgen **Einzelheiten,** die in ihrem räumlichen Zusammenhang *(vorne, hinten, oben, unten …)* oder auch in ihrem Funktionszusammenhang *(die Kette verbindet die beiden Zahnräder …)* beschrieben werden können. Bei Gebrauchsanweisungen müssen die **Funktionsweisen** eines Gegenstandes verständlich, detailgenau und vollständig erklärt werden.

4 Sieh dir das Foto genau an. Es handelt sich bei diesem Gefährt um eine Rikscha. Dieser leichte Wagen kann, je nach Bauart, von einem zwischen den Deichseln laufenden oder auf einem Fahrrad sitzenden Mann gezogen oder geschoben werden. In ostasiatischen Ländern sieht man die Rikscha heute jedoch häufig mit einem Motorrad als Antrieb.

5 Beschreibe die Rikscha in deinem Heft. Achte nicht nur auf das Aussehen, sondern erkläre auch mit Hilfe der Fachbegriffe Funktionen.

4. Vorgänge beschreiben und erklären

Wenn du einen Vorgang wie eine Bastelanleitung, Regeln im Sport oder Rezepte beschreibst, musst du so genau sein, dass man sich den Ablauf vorstellen und ihn unter Umständen selbst wiederholen kann. Hierbei ist es wichtig, die einzelnen Schritte in der richtigen Reihenfolge, genau und vollständig, aber auch knapp und sachlich nicht nur zu beschreiben, sondern auch zu erklären. Die Verwendung von **Fachbegriffen** ist dabei meist sinnvoll. Tempus ist das **Präsens,** weil es hier das Immerwieder oder das Zu-jeder-Zeit ausdrückt.

Die Kunst des Papierfaltens

Sicher weißt du genau, wie man ein einfaches Papierbötchen oder -flugzeug bastelt. Wusstest du auch, dass es japanische Tradition ist, Figuren aus Papier zu falten?
Origami heißt die kunstvolle Art, Blumen, Tiere und anderes aus einem quadratischen Papierblatt zu basteln. Dabei werden weder Schere noch Klebstoff benutzt. Das Papier sollte verhältnismäßig dünn, aber trotzdem reißfest sein.

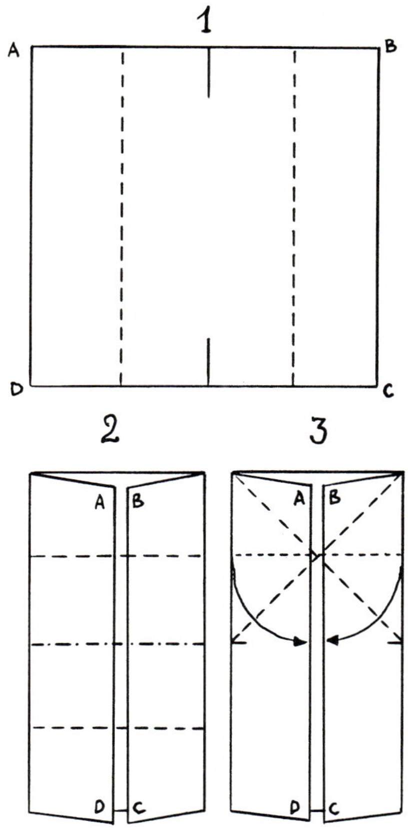

Springfrosch

1 Grundform öffnen, Talfalten in den gestrichelten Linien.
2 Mittelbruch knicken, Talfalten in den gestrichelten Linien.
3 Die eingezeichneten Berg- und Talfalten ausführen und wieder öffnen. Dann die Punkte x unter Ausnutzung der vorhandenen Brüche auf den Mittelbruch ziehen. Dadurch fallen auch die Ecken A und B auf den Mittelbruch.
4 Talfalte in der gestrichelten Linie.
5 Talfalten in den gestrichelten Linien.
6 Bei den Spitzen E und F Talfalten. Talfalte in der gestrichelten Linie unten.
7 Talfalte in der gestrichelten Linie.
8 Wenden.

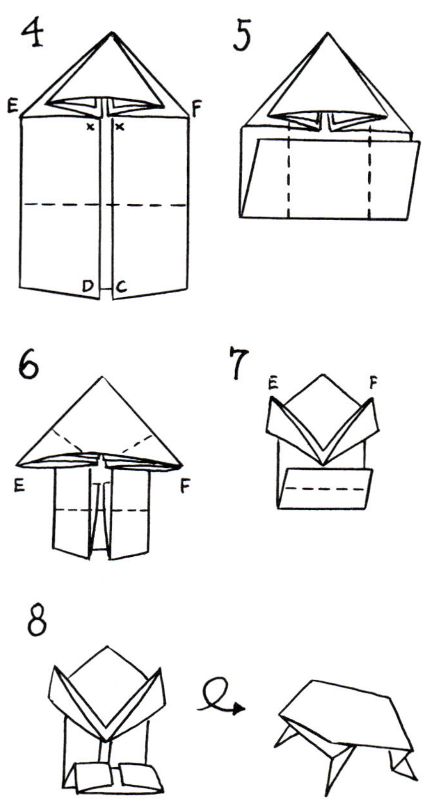

6 Fertige nach der Bastelanleitung einen Springfrosch an. Benutze dazu möglichst ein grünes quadratisches Papier.
Male dem Frosch zuletzt große Augen auf.
Wenn du mit dem Finger nach hinten über den Rücken des Frosches fährst, springt er sogar.

7 Beschreibe in deinem Heft die einzelnen Schritte des Bastelvorgangs in einem zusammenhängenden Text, sodass sie jemand verstehen kann, der die Abbildungen dazu nicht vorliegen hat. Erkläre auch die Tricks, die du vielleicht beim Basteln erprobt hast.
Du kannst folgende Wörter für die Satzanfänge benutzen:

anschließend | dann | zunächst | zuerst | erst | danach | jetzt | schließlich | hinterher | zuletzt | im Anschluss daran | nun | als Nächstes | nachdem

Wortarten

Dir sind nun schon einige Wortarten bekannt.
Ein wichtiges Merkmal zu ihrer Unterscheidung ist die Beugung:

Konjugieren kannst du nur Verben (z. B. in verschiedene Zeitformen setzen).
Deklinieren kannst du Nomen, Pronomen, Artikel und Adjektive.
Nicht beugen lassen sich dagegen Adverbien, Präpositionen und Konjunktionen.

Netzwerk Wortarten

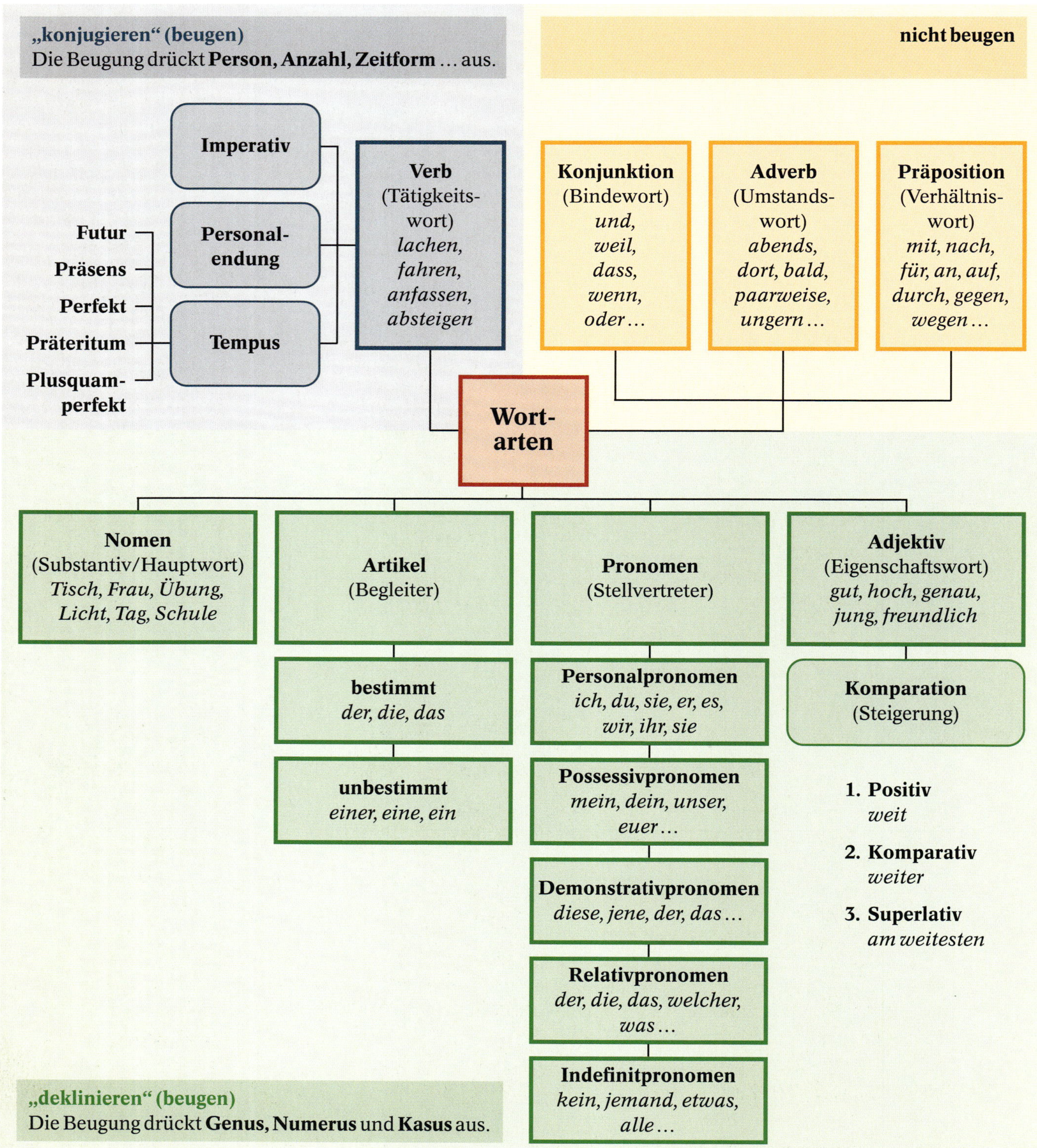

1 Ordne den einzelnen „Wortmengen“ jeweils die richtige Bezeichnung zu. In jeder „Wortmenge“ befinden sich Beispielwörter für jeweils eine Wortart.

2 a) Schreibe eine 7-Sätze-Geschichte mit Hilfe der Wörter aus den Wortmengen in dein Heft.
b) Kennzeichne in deiner Geschichte die verschiedenen Wortarten mit unterschiedlichen Farben.

1. Konjunktion

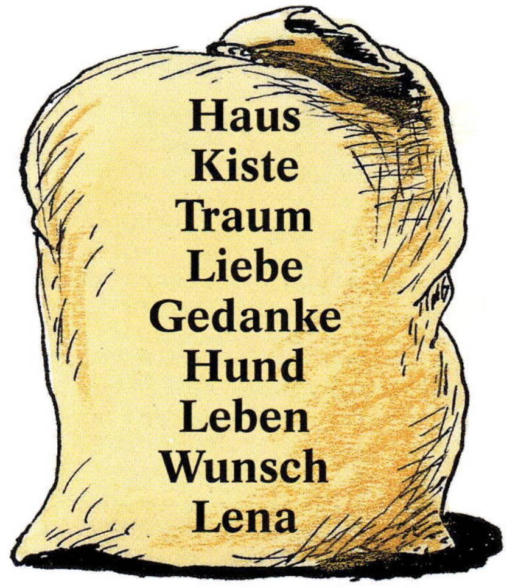

2. Nomen

3. Präposition

4. Verben

5. adverbiale Bestimmung

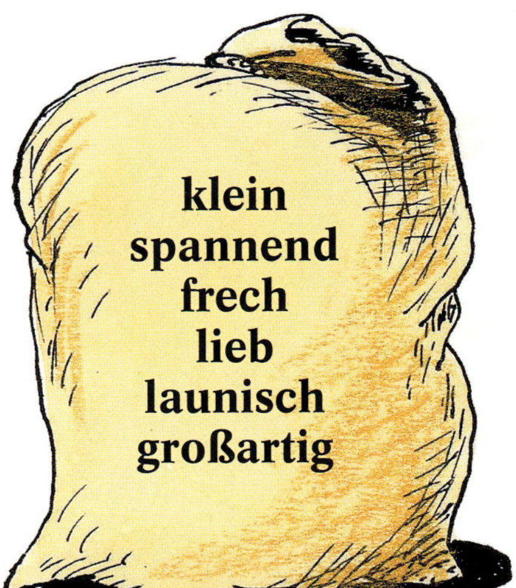

6. Adjektive

7.

8.

Aktiv – Passiv

Handlungssätze – Verbformen im Aktiv

Das, was jemand tut, nennen wir eine **Handlung:** *eine Fete organisieren*
Die handelnde Person nennen wir auch **Handlungsträger:** *Carolin*
Kern der Handlung ist ein **Handlungsverb:** *organisieren*
Es entsteht ein **Handlungssatz:** *Carolin organisiert eine Fete.*

Die 7a möchte eine Klassenfete unter dem Motto „Tiefseetaucher – Wassermänner und Wasserfrauen in der Unterwasserwelt" feiern. Carolin und Johannes, die beiden Klassensprecher, sprechen einige organisatorische Dinge durch. Am Schluss fassen sie zusammen:

1 Ordne bei den oben genannten Sätzen Handlungsträger und Handlung in die nachfolgende Tabelle ein. Unterstreiche das Handlungsverb.

Handlungsträger	Handlung
Wir	*im Klassenraum feiern*

Handlungsträger im grammatischen Sinne können auch Gegenstände oder andere Erscheinungen sein. Beispiel: *Der Ventilator erzeugt Wind.*

2 Entscheide auch bei den nachfolgenden Sätzen, wer der Handlungsträger ist.
Trage Handlungsträger und Handlung ebenfalls in die vorgegebene Tabelle ein und unterstreiche das Handlungsverb.

Ein Wellblech erzeugt Donnergeräusche.

Der Ventilator bewegt das Fischernetz.

Scheinwerfer tauchen den Raum in grünes Licht.

Pappfische zappeln an einer Angel.

Pappmascheequallen tanzen im Ventilatorwind.

Der Kuchenduft macht Appetit.

Seemannslieder erzählen von Schiffsuntergängen.

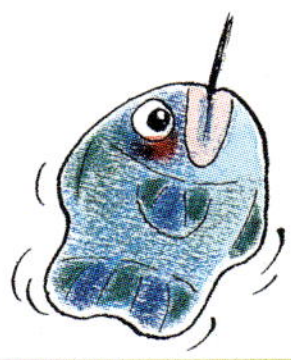

Taucherbrillen sitzen auf Schülernasen.

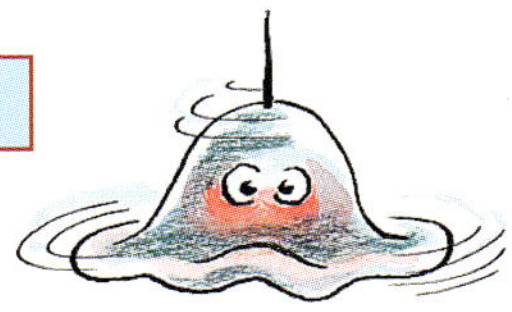

Die Musik sorgt für Strandstimmung.

Der fröhliche Lärm lockt Zaungäste an.

Drei Tische tragen die leckeren Speisen.

Fruchtige Getränke löschen den Durst.

Handlungsträger	Handlung
ein Wellblech	Donnergeräusche erzeugen

Handlungsschema im Aktiv

Sätze, in denen der Handlungsträger als **Subjekt** des Satzes erscheint, stehen in der Verbform **Aktiv.** Die Handlung ist meist auf ein Objekt gerichtet. Beispiel:

Handlungsschema:	*Die Schüler*	➔	*tanzen*	➔	*den Taucherboogie.*
	Subjekt	➔	**Prädikat**	➔	**Akkusativobjekt**
	Der Scheinwerfer	➔	*beleuchtet*	➔	*den Klassenraum.*

3 a) Betrachte die nachfolgende Zeichnung. Sie zeigt die Klasse 7a bei den Vorbereitungen zu ihrer Taucherfete.
b) Bilde Sätze, in denen Handlungsträger Subjekt sind und die im Aktiv stehen. Der Wörterkasten wird dir dabei helfen.

1. Jan schaltet die Lichterkette ein.
2. ______
3. ______
4. ______
5. ______
6. ______
7. ______
8. ______

~~Jan~~ – Kassettenrekorder – Tische – Haifischsamba – ~~einschalten~~ – tauchen – Scheinwerfer – Susi und Anne – dröhnen – Raum – Hausmeister – aufsetzen – Wand – Taucherbrillen – Simon – Patrizia – rücken – Fischernetz – wirbeln – Papierschlangen – Luft – Angel – Carolin und Johannes – Ventilator – Hammer – fangen – nageln – befestigen – Wand – ~~Lichterkette~~ – grünes Licht

4 Unterstreiche die Prädikate in deinen Sätzen.

Die Verbform Passiv

Sätze, in denen mit dem Subjekt des Satzes etwas geschieht, stehen in der Verbform **Passiv.** Beispiele:
*Der Klassenraum **wird geschmückt.***
*Der Lampion **wird** in der Klasse **aufgehängt.***

In Passivsätzen kann auch der Handlungsträger genannt werden, und zwar in Form einer **adverbialen Bestimmung.** Beispiele:
*Der Klassenraum wird **von den Schülern** geschmückt.*
*Der Lampion wird **vom Hausmeister** in der Klasse aufgehängt.*

Beachte: Wie du anhand der Beispiele sehen kannst, ist das Passiv eine **zusammengesetzte Verbform.** Es wird zusammen mit einer Form von *werden* und dem Partizip Perfekt (z. B. ***ge**schmückt, auf**ge**hängt,* ***ge**bracht, **ge**gessen* usw., aber auch *informiert, bemalt* u. Ä.) gebildet.

1 Bilde zu den nachfolgenden Infinitiven (Grundform des Verbs) das Partizip Perfekt.

Infinitiv	Partizip Perfekt	Infinitiv	Partizip Perfekt
schieben:	geschoben	trinken:	
singen:		malen:	
bemalen:		vergessen:	
befehlen:		dekorieren:	
tapezieren:		beißen:	
graben:		empfehlen:	
empfangen:		schwimmen:	

2 Lies dir den folgenden Text aufmerksam durch. Es handelt sich um ein Partyspiel, das sich Carolin für die Fete ausgedacht hat. Bearbeite den Text danach in folgender Weise:
a) Unterstreiche alle Verbformen im Passiv rot.
b) Unterstreiche alle Handlungsträger, die in Form einer adverbialen Bestimmung genannt sind, grün.

Austernsuche (Partyspiel)

Zunächst wird von der Spielleiterin eine große und tiefe Schüssel zur Hälfte mit Wasser gefüllt. Einige Pflaumen werden hineingelegt und dann kann der erste Austernfischer zur Schüssel geführt werden. Die Hände werden auf dem Rücken verschränkt und mit dem Gesicht im Wasser wird nun der „Meeresgrund“ vom Austerntaucher nach „Austern“ abgesucht. Die Austern werden mit dem Mund aus dem Wasser gefischt. Es müssen so viele Austern wie möglich an Land gebracht werden. Denn danach wird der Sieger bestimmt. – Natürlich wird für jeden Mitspieler frisches Wasser in die Schüssel gefüllt. Insgesamt wird jedem Taucher genau eine Tauchminute für den Tauchgang von der Jury zur Verfügung gestellt.

Aktiv und Passiv im Vergleich

Mit der Verwendung von Aktiv und Passiv verfolgen wir unterschiedliche Interessen.
Bei der Verwendung des Aktiv richten wir unser Interesse auf die **handelnden Personen.**
Verwenden wir das Passiv, so konzentrieren wir uns vor allem auf den **Vorgang.**
Beispiel:

Aktiv	Passiv
*Alle Mitspieler **setzen** Taucherbrillen **auf.***	*Taucherbrillen **werden aufgesetzt.***

Bei der Umwandlung eines Aktivsatzes in einen Passivsatz
wird das **Akkusativobjekt** des Aktivsatzes zum **Subjekt** des Passivsatzes.

Aktiv	Passiv
*Ein Hochseefischer angelt **Fische.*** **Akkusativobjekt**	***Die Fische** werden geangelt.* **Subjekt**

1 Erkläre, warum im Text über das Partyspiel „Austernsuche" (S. 17) die handelnden Personen nicht im Vordergrund stehen.

2 Im nachfolgenden Text erscheinen die Sätze in der Form des Aktivs. Unterstreiche alle Akkusativobjekte rot.

Tipp: Akkusativobjekte erfragt man mit „*Wen …?*" oder „*Was …?*"

Hochseefischen (Partyspiel)

Aus 2 bis 3 cm dickem Styropor schneidest du vor der Party verschieden große Fische aus. Die Fische malst du dann in verschiedenen Farben an. Außerdem kennzeichnest du jeden Fisch je nach Größe mit einer Punktzahl zwischen 1 und 10. Jedem Fisch heftest du zusätzlich eine Büroklammer ans Maul. Anschließend legst du alle Fische auf ein großes Stück durchsichtige Abdeckfolie. Dann baust du eine Angel. Dazu benötigst du einen langen Stock. An einem Ende des Stocks befestigst du eine Schnur. Und an das Ende der Schnur hängst du einen kleinen Magneten in Hufeisenform.

Auf der Party erklärst du dann die Spielregeln: Vier Kinder nehmen je eine Ecke der Folie in die Hand. Sie schwenken sie gleichmäßig zwei Minuten lang hin und her. In der Zwischenzeit angelt ein Hochseefischer bei stürmischer See mit der Magnetangel die Fische. Nach den zwei Minuten zählt der Spielleiter die Punkte auf den geangelten Fischen. Der Teilnehmer mit der höchsten Punktzahl gewinnt das Spiel.

3 Verändere den Text „Hochseefischen“ so, dass nur der Vorgang im Mittelpunkt steht und die handelnden Personen zurücktreten. Benutze also die Form des Passivs.

Verschieden große Fische werden vor der Party von dir aus 2 bis 3 cm dickem Styropor ausgeschnitten.

4 Schreibe zu folgendem Spiel eine Spielanleitung im Passiv in dein Heft.

Perlenwerfen

Vorbereitung

- Schülerinnen und Schüler zu Hause; Spiel vorbereiten
- feste Kordel an einen Besenstiel
- das andere Kordelende an einen Eimer
- zusätzlich: 5 Tischtennisbälle

Durchführung

- Mitspieler: 5 Tischtennisbälle
- Aufstellung: 2 bis 3 Meter entfernt vom Eimer
- Spielleitung: Eimer an Besenstiel gleichmäßig hin und her schwenken
- Ziel: 5 Tischtennisbälle in den Eimer
- Sieger: die meisten Perlen im Ziel

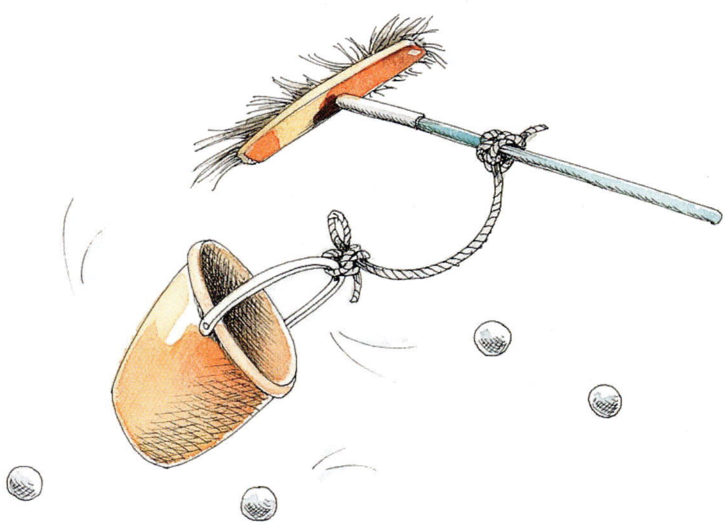

Jedes Tempus im Aktiv hat seine Entsprechung im Passiv.

Tempus	Aktiv	Passiv
Präsens	*Der Hund **beißt** den Zeitungsmann.* (Präsens Aktiv)	*Der Zeitungsmann **wird** vom Hund **gebissen.*** (Präsens Passiv)
Perfekt	*Der Hund **hat** den Zeitungsmann **gebissen.*** (Perfekt Aktiv)	*Der Zeitungsmann **ist** vom Hund **gebissen worden.*** (Perfekt Passiv)
Präteritum	*Der Hund **biss** den Zeitungsmann.* (Präteritum Aktiv)	*Der Zeitungsmann **wurde** vom Hund **gebissen.*** (Präteritum Passiv)
Plusquamperfekt	*Der Hund **hatte** den Zeitungsmann **gebissen.*** (Plusquamperfekt Aktiv)	*Der Zeitungsmann **war** vom Hund **gebissen worden.*** (Plusquamperfekt Passiv)
Futur I	*Der Hund **wird** den Zeitungsmann **beißen.*** (Futur I Aktiv)	*Der Zeitungsmann **wird** vom Hund **gebissen [werden].*** (Futur I Passiv)
Futur II	*Der Hund **wird** den Zeitungsmann **gebissen haben.*** (Futur II Aktiv)	*Der Zeitungsmann **wird** vom Hund **gebissen [worden] sein.*** (Futur II Passiv)

5 Die unter a) genannten Sätze sind immer Aktivsätze, diejenigen unter b) Passivsätze. Unterstreiche die Akkusativobjekte der Aktivsätze und die Subjekte der Passivsätze.

6 Notiere in den Klammern hinter den Sätzen, in welchem Tempus sie stehen.

Der aufmerksame Wassermann

1. a) Markus **bereitet** ein Tablett für ein weiteres Spiel **vor.** (________________________)

   b) Ein Tablett **wird** von Markus für ein weiteres Spiel **vorbereitet.** (________________________)

2. a) Er **hält** fünfzehn verschiedene Gegenstände in einer Tüte **bereit.** (________________________)

   b) Fünfzehn verschiedene Gegenstände **werden** von ihm in einer Tüte **bereitgehalten.** (________________________)

3. a) Er **hat** darin Dinge wie ein Miniaturboot, Perlen, Muscheln, Plastikfische und Ähnliches **gesammelt.**

(____________________)

b) Dinge wie ein Miniaturboot, Perlen, Muscheln, Plastikfische und Ähnliches **sind** von ihm darin **gesammelt worden.** (____________________)

4. a) Gestern **fand** er noch den Leuchtturm in seiner alten Legokiste. (____________________)

b) Gestern **wurde** von ihm noch der Leuchtturm in seiner alten Legokiste **gefunden.**

(____________________)

5. a) Er **hatte** den Leuchtturm bereits tagelang **gesucht.** (____________________)

b) Der Leuchtturm **war** von ihm bereits tagelang **gesucht worden.** (____________________)

6. a) Markus **wird** nun die einzelnen Gegenstände auf dem Tablett **verteilen.** (____________________)

b) Die einzelnen Gegenstände **werden** von Markus nun auf dem Tablett **verteilt werden.**

(____________________)

7. a) Die Spielteilnehmer **behalten** nun nach Möglichkeit alle Gegenstände auf dem Tablett im Kopf.

(____________________)

b) Alle Gegenstände auf dem Tablett **werden** nun nach Möglichkeit von den Spielteilnehmern im Kopf **behalten.**

(____________________)

8. a) Danach **deckt** Markus das Tablett mit einem Tuch **ab.** (____________________)

b) Danach **wird** das Tablett von Markus mit einem Tuch **abgedeckt.** (____________________)

9. a) Die Spielteilnehmer **schreiben** dann alle Gegenstände auf einem Zettel **auf.** (____________________)

b) Alle Gegenstände **werden** dann von den Spielteilnehmern auf einem Zettel **aufgeschrieben.**

(____________________)

10. a) Der Spieler mit den meisten richtigen Begriffen **gewinnt** das Spiel. (____________________)

b) Das Spiel **wird** von dem Spieler mit den meisten richtigen Begriffen **gewonnen.** (____________________)

11. a) Die Spieler **werden** nach Markus' Meinung bestimmt alle Gegenstände schnell **geraten haben.**

(____________________)

b) Alle Gegenstände **werden** nach Markus' Meinung von den Spielern bestimmt schnell **erraten worden sein.**

(____________________)

Vorgangs- und Zustandspassiv

Das Passiv benutzt man in der Regel dann, wenn man eine Handlung oder einen Vorgang besonders in den Vordergrund treten lassen möchte. Wir sprechen hier auch vom **Vorgangspassiv** (*werden* + Partizip Perfekt):
Eine Kordel ***wird*** *an einem Besenstiel* ***befestigt.***

Eine weitere Passivvariante ist das **Zustandspassiv** (*sein* + Partizip Perfekt).
Das Zustandspassiv drückt Gegebenheiten aus, die als Ergebnis eines Vorgangs angesehen werden können:
Die Kordel ***ist*** *am Besenstiel* ***befestigt.***

1 Finde die Sätze, in denen das Zustandspassiv vorkommt. Unterstreiche in diesen Sätzen die entsprechenden Verbformen.

Einladung zur Taucherfete selbst gemacht

Auf ein Stück Karton werden die Umrisse einer Taucherbrille gezeichnet.
Anschließend wird die Vorlage ausgeschnitten und – siehe da – die Schablone für die Einladungskarten ist angefertigt.
Pro Einladung wird nun jeweils zweimal die entsprechende Form aus Zeichenkarton hergestellt. Dazu wird die Schablone auf den Karton gelegt und die Umrisse werden entsprechend nachgezeichnet und ausgeschnitten. Vorder- und Rückseite der Einladungskarte sind nun hergestellt. Der Einladungstext wird auf den unterliegenden Karton geschrieben. In den zweiten Karton wird wie bei einer Taucherbrille ein Sichtfenster geschnitten. Dahinter wird dann ein Stück Klarsichtfolie (z. B. ein Stück Prospekthülle) geklebt. Beide Pappteile werden dann an der linken Seite zusammengeheftet. Die Herstellung der Einladungskarte ist beendet.

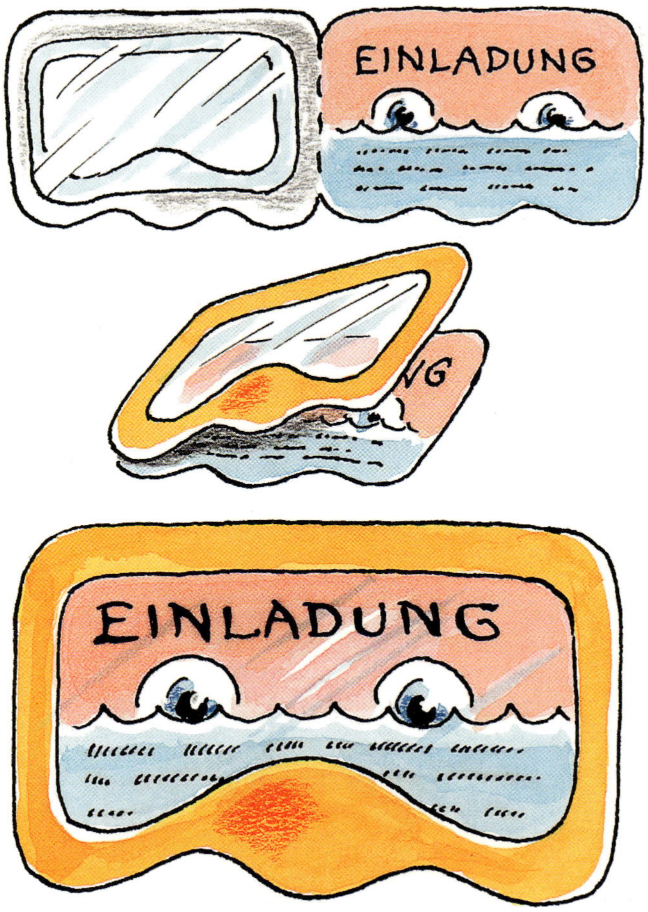

2 Ergänze die Passivsätze. Verwende, wo es möglich ist, das Zustandspassiv.

Anne gibt ihrer Freundin Tipps zur Vorbereitung einer Klassenfete.

Die Fete _wird_ von der ganzen Klasse _organisiert_. | organisieren

Erst, wenn alles gut ____________, kann es losgehen. | vorbereiten

Zu Beginn ________ die Aufgaben ____________. | verteilen

Überprüfe dabei gleich, ob jede Aufgabe jemandem ____________. | zuordnen

Salate und Brötchen ________ kurz vor der Fete ____________. | zubereiten

Da ________ die Einladungen hoffentlich schon ____________. | verteilen

Passiv aus Informationsmangel oder als Informationsriegel

Bei der Darstellung eines Vorfalls nennt man meistens die beteiligten Personen.

Tat

Ereignis/Vorgang – berichten!

beteiligte Personen
- **Täter** – nennen?
- **Opfer** – nennen?
- **Zeugen** – nennen?

Wenn man die Handlungsträger nicht kennt und also nicht genau nennen kann, verwendet man oft Formen des Passivs. Beispiel:
Die Telefonzelle ist zerstört worden.

Nicht immer ist es so, dass Reporter aus Informationsmangel Handlungsträger nicht nennen. Sie entscheiden sich manchmal auch bewusst dafür, Betroffene, Täter, Zeugen, Informanten oder Opfer nicht zu nennen, zum Beispiel um
- betroffene Personen oder Opfer zu schützen,
- die verantwortlichen Personen oder Täter zu verschleiern.

Auch in diesem Fall kann man zu Formen des Passivs greifen.

Pavillon im Kurviertel abgebrannt

Burtscheid: (1) Zu einem Schwelbrand wurde die Feuerwehr gestern nach Burtscheid gerufen. (2) Hinter einem alten Kinosaal aus den 30er-Jahren war ein Pavillon angezündet worden. (3) Mit drei Löschzügen fuhren die Feuerwehrleute um 14.25 Uhr vor. (4) Bereits 13 Minuten später hatten sie den Brand gelöscht. (5) Der Sachschaden wird auf 15 000 Euro geschätzt. (6) Als Brandverursacher werden Kinder verdächtigt, die hinter dem Pavillon beim Feuermachen beobachtet worden waren. (7) Die benachbarte Kindertagesstätte war jedoch zu keinem Zeitpunkt in Gefahr. (8) Die Polizei nahm bereits gestern die Ermittlungen auf.

1 a) Unterstreiche überall im Text die Passivformen.
b) In welchen Sätzen bleiben die Handlungsträger ungenannt? Notiere die Nummern.

____

2 Unter dem Motto „Die Tat – die Opfer – und die Zeit danach" sollen in einer Lokalzeitung Kriminalfälle aus dem Umland aufgearbeitet werden. Dazu müssen Gerichtsakten, Polizeiprotokolle sowie Berichte von Sozialarbeitern, die Opfer, Täter und ihre Familienangehörigen betreut haben, eingesehen werden. Zu der Zeitungsmeldung „Räuber kamen mit Messer und Pistole" finden sich die nachfolgenden Sätze in den verschiedenen Unterlagen.
Wandle die vorgegebenen Aktivsätze in Passivsätze um.

Polizeiprotokoll:

1. Zeugin Martha Krause beobachtete am Dienstag, dem 14. Februar 1998 ein ungewöhnliches Treiben an der Dela-Tankstelle gegenüber.

Ein ungewöhnliches Treiben wurde beobachtet.

2. Aus ihrem Küchenfenster heraus sah sie zwei maskierte Männer im Kassenraum der Tankstelle.

____

____

3. Ein Mann bedrohte die Kassiererin mit einem Messer.

4. Der zweite Räuber hielt ihr eine Pistole an die Schläfe.

5. Offensichtlich zwangen die beiden Männer die Frau zur Herausgabe der Tageseinnahmen.

6. Martha Krause alarmierte die Polizei.

Gerichtsakten:

1. Die Polizei nahm Malermeister Joseph Rath und seinen Freund und Mitarbeiter Karl Storck am Dienstag, dem 14. 2. 1998 am Bahnhofsplatz fest.

2. Die beiden beförderten jeweils eine auffällige Plastiktüte mit Dela-Werbeaufdruck.

3. Die Polizei identifizierte die beiden als die Tankstellenräuber.

4. Wachtmeister Heinrich Lieven stellte das Geld sicher.

5. Karl Storck und Joseph Rath gestanden die Tat.

6. Richterin Ina Helmesberger verurteilte die Männer zu einer zweijährigen Gefängnisstrafe.

Bericht des Sozialarbeiters Frank Millner:

1. Im Laufe des Prozesses reichte Frau Storck die Scheidung ein.

2. Frau Rath führt den Malerbetrieb ihres Mannes weiter.

3. Sie koordiniert die Mitarbeiter und stimmt die Aufträge ab.

4. In der Schule hänseln Mitschüler Regine und Peter Rath wegen ihres Vaters.

5. Frühere Freunde meiden die Raths.

6. Die Kassiererin Nina Pole gab ihre Stelle als Tankstellenkassiererin auf.

3 Schreibe nun den Zeitungsartikel über den vorgegebenen Fall zum Motto „Die Tat – die Opfer – und die Zeit danach“. Überlege, an welchen Stellen das Passiv als Informationsriegel sinnvoll ist.

Die Passiv-Aktiv-Probe

	Passivsatz		Umwandlung in einen Aktiv-Satz
A	*Ein dritter Mann wurde von einem Mechaniker neben einer Zapfsäule beobachtet.*	➔	*Ein Mechaniker beobachtete einen dritten Mann neben einer Zapfsäule.*
B	*Der dritte Mann wurde der Mittäterschaft beschuldigt.*	➔	*???*

1 Erkläre, warum man den Passivsatz **B** nicht in einen Aktiv-Satz umformen kann?

2 Wende die Passiv-Aktiv-Probe auch auf folgende Zeitungssätze an, die in Zusammenhang mit anderen Fällen erschienen sind.

1. Im Juweliergeschäft Walter wurden gestern Nacht wertvolle Uhren und Kolliers gestohlen.
2. Es wird behauptet, dass mindestens drei maskierte Männer in die Bank eingedrungen sind.
3. Der Schimpanse wurde von einer Nachbarin beobachtet, wie er mit der Schmuckkassette am Regenrohr herunterkletterte und anschließend im Gebüsch verschwand.
4. Dem Bankangestellten wurde der Wagen von den Räubern entwendet.
5. Die Polizei wurde dazu aufgefordert, Personenschutz zu veranlassen.
6. Strafhandlungen wie Gewalt gegen Kinder werden viel zu häufig noch geduldet.
7. Das junge Paar wird von der Hausmeisterin verdächtigt, die roten Rosen gestohlen zu haben.

3 Welche der Sätze geben Auskunft über die Handlungsträger?

Satz Nr.: *Handlungsträger:*

4 Aus welchen Gründen könnten in einigen Sätzen die Handlungsträger ungenannt geblieben sein?
Notiere deine Überlegungen.

Satz 1:

Passiv-Umschreibungen

In eurer Tageszeitung daheim gibt es jeden Tag im Lokalteil einen Kochvorschlag für eine vollständige Mittagsmahlzeit. Er ist gedacht für alle Köche und Köchinnen, denen mal die Ideen fürs Kochen ausgegangen sind. Folgende Formulierungen (Passiv-Umschreibungen) findest du dort häufig:

Passiv-Umschreibungen

- **man-Form:** *Man hebt zuerst die Sahne unter.*
- **reflexive Form:** *Die Poren im Braten schließen sich.*
- **lassen-Form:** *Das Gericht lässt sich mit wenigen Handgriffen vorbereiten.*
- **Verbform von „*sein*" + Adjektiv mit Endung „*-bar*":** *Statt Joghurt ist auch saure Sahne verwendbar.*
- **adverbiale Bestimmung:** *Beim Kochen muss man den Deckel auf dem Topf lassen.*
- **Imperativ-Form:** *Spülen Sie die Schüssel zuerst kalt aus.*
- **Infinitiv-Form:** *Die Sahne zuerst schlagen.*
- **Sie/du-Aussage-Form:** *Sie kneten den Teig danach kräftig durch.*

1 Formuliere die Beispiele im Kasten zu Passivsätzen um.

Die Sahne wird zuerst untergehoben.

2 Stelle aus der folgenden Kauf- und Kochanleitung Beispiele für die verschiedenen Umschreibungen des Passivs zusammen.

Nudelauflauf nach Schülerart

Vor dem Kochen muss erst eingekauft werden. Am besten lassen sich Hörnchennudeln (400 g) verwenden. Kaufen Sie dann noch 300 g Fleischwurst am Stück, 1 Bund Petersilie und 250 g Quark. 5 Eier und 1/8 l saure Sahne werden ebenfalls benötigt. Hinzu kommen 75 g frisch geriebener Emmentaler, Salz, weißer Pfeffer und etwas Butter für die Form.

So wird's gemacht: Nudeln zuerst in reichlich siedendem Salzwasser bissfest kochen. Anschließend die Nudeln in ein Sieb abgießen. Dann werden die Nudeln lauwarm abgespült und man lässt sie abtropfen. In der Zwischenzeit wird die Petersilie gewaschen, trockengeschleudert und klein geschnitten. Die Petersilie gibt man zusammen mit dem Quark und den Eiern in eine Rührschüssel. Beim Verrühren schmeckt man die Quarkmasse mit Salz und Pfeffer ab. Den Backofen auf 200 °C vorheizen und eine feuerfeste Form mit Butter ausstreichen. Nudeln und Wurstwürfel werden nun gemischt und in die Form gefüllt. Den Eierquark gleichmäßig darüber verteilen. Man muss den Auflauf nun im Ofen auf der mittleren Schiene 35 Minuten backen. Nehmen Sie den Auflauf jedoch nach 25 Minuten noch einmal kurz heraus. Er muss jetzt mit dem geriebenen Käse bestreut werden und dann noch zehn Minuten weiterbacken. Guten Appetit!

Speisereste sind auch noch am nächsten Tag verwendbar. Sie können aufgewärmt noch einmal serviert werden.

3 Schreibe deine eigene Kochanleitung zu folgenden Angaben und bemühe dich, möglichst vielfältig das Passiv zu umschreiben.

Reisauflauf mit Äpfeln

Zutaten für 4 Personen:

1 l Milch	in Milchtopf
1 Prise Salz	hinzufügen
1 Vanillezucker	in die Milch
1 Streifen Schale von unbehandelter Zitrone	ebenfalls zur Milch
	alles aufkochen
125 g Rundkornreis	einrühren, Hitze reduzieren, 20 Minuten köcheln
4 Eigelb	
60 g weiche Butter	Eigelb zur Butter
60 g Zucker	hinzufügen, schaumig rühren
	unter den fertigen Reis ziehen
6 kleine Äpfel	schälen, entkernen, in gebutterte feuerfeste Form setzen
3 Esslöffel Aprikosenmarmelade	in leere Kerngehäuse füllen
	Reismasse über die Äpfel

Backofen: 200 °C
Backzeit: 45 Minuten

So wird's gemacht:

Satzglieder und Satzgliederweiterungen

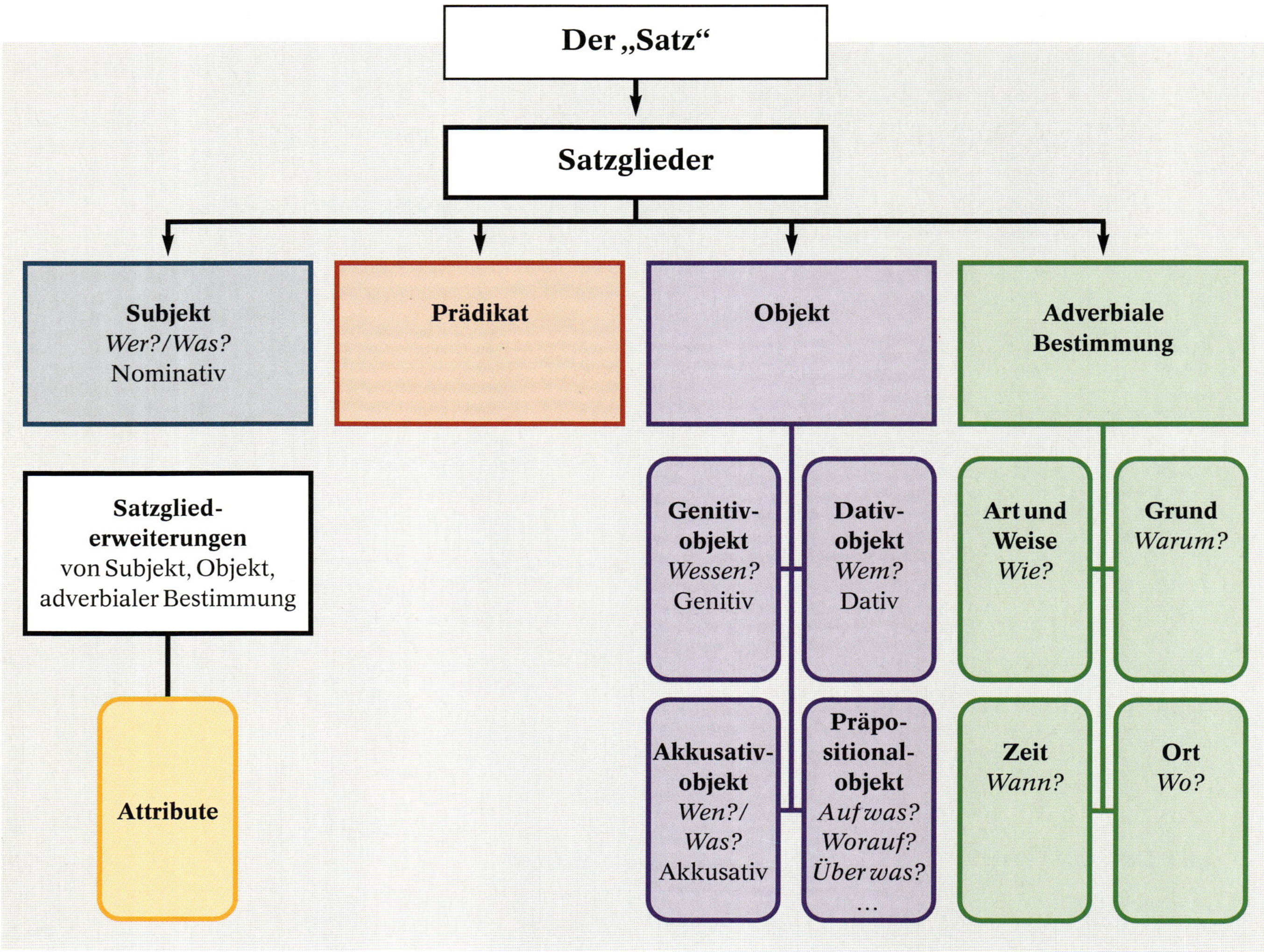

Die neue Schule	öffnet	ihre Tore	im August.
(Attribut) Subjekt	Prädikat	(Attribut) Objekt (Akkusativobjekt)	Adverbialbestimmung (der Zeit)

Satzgliedproben

- Umstellprobe:
- Frageprobe:
- Ersatzprobe:
- Weglassprobe:
- Erweiterungs-probe:

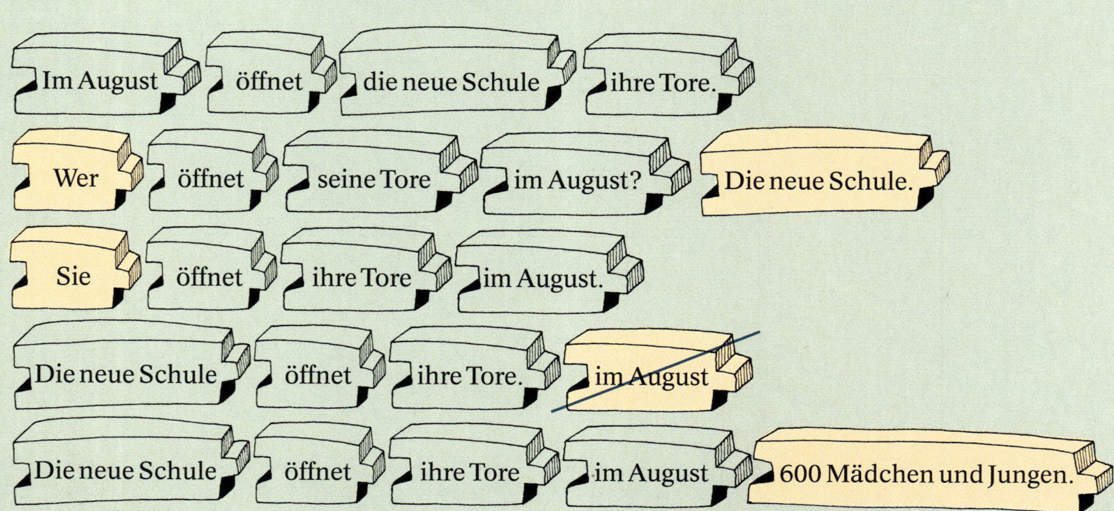

1 Bestimme in den folgenden Sätzen die Satzglieder und Satzgliederweiterungen.

Attribut Prädikat

1. Seit ein paar Tagen beobachte ich das eigenartige Verhalten meiner Mitschüler.

Adverbiale Bestimmung der Zeit

2. Dem superordentlichen Klassenzimmer fehlen merkwürdigerweise die Spuren der Benutzung.

3. Ich erkannte es normalerweise an dem muffigen Geruch, dem überfüllten Papierkorb und der verschmierten Tafel.

4. Gestern gedachte eine Gruppe vor dem Chemielabor eines vertrockneten Gummibaums.

5. Wegen meiner Besorgtheit erzählte ich zu Hause meiner Schwester von den verblüffenden Verhaltensänderungen.

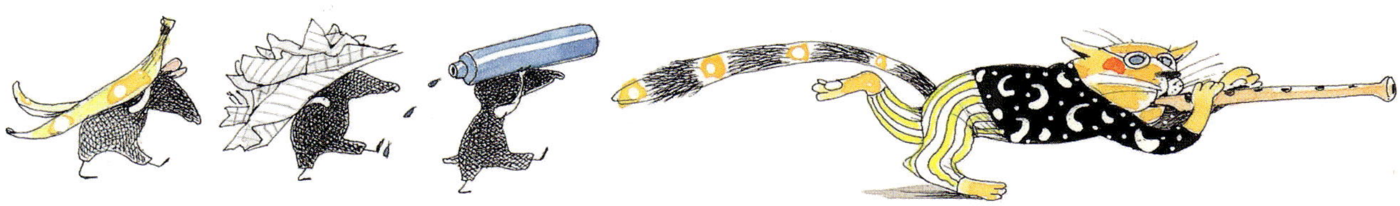

Präpositionalobjekte und adverbiale Bestimmungen

Präpositionalobjekte antworten auf Fragen wie
Um wen ...?, Von was ...?, An wem ...?, Für was ...? usw.
Möchte ich ein Präpositionalobjekt ermitteln, so bleibt in der Frageprobe
die Präposition auf jeden Fall erhalten.

*Herr Keller hat sich **um seine alte Mutter** nie gekümmert.*
*„**Um** wen hat sich Herr Keller nie gekümmert?“* – oder – *„Wor**um** hat sich Herr Keller nie gekümmert?“*

*Wir sehen **von einer Bestrafung** ab.*
*„**Von was** sehen wir ab?“* – oder – *„**Wovon** sehen wir ab?“*

*Lena zweifelte **an ihr.***
*„**An wem** zweifelte Lena?“*

Satzglieder, die man mit den Fragen *Wann?, Wo?, Wie?* oder *Warum?* ermittelt,
heißen **adverbiale Bestimmungen.** Sie geben die näheren Umstände einer Situation an.
Man unterscheidet folgende adverbiale Bestimmungen:

*Ein Schäferhund hat **am** Montagmorgen **mit** seinem Gebell **in** Köln-Weiden einen Polizisten auf Trab gebracht. Der Beamte musste das aggressiv gewordene Tier **wegen** der Gefahr für die Anwohner mit einem Betäubungsgewehr schachmatt setzen.*

Bezeichnung	Frageproben	Beispiel
Adverbiale Bestimmung der Zeit:	*Wann ...?, Wie lange ...?, Seit wann ...?*	***am** Montagmorgen*
Adverbiale Bestimmung des Ortes:	*Wo ...?, Wohin ...?*	***in** Köln-Weiden*
Adverbiale Bestimmung der Art und Weise:	*Wie ...?, Auf welche Art und Weise ...?*	***mit** seinem Gebell*
Adverbiale Bestimmung des Grundes:	*Warum ...?*	***wegen** der Gefahr für die Anwohner*

1 Untersuche folgenden Text und unterstreiche alle Präpositionalobjekte blau und alle adverbialen Bestimmungen grün.

Das Wetter im März: zwei Grad zu warm

Köln. Seit Frühlingsanfang hatten wir zu warmes Wetter. Zu diesem Schluss kommen die Meteorologen der Wetterstation Fühlinger See in ihrem Monatsfazit. Die Analyse des Wetters wurde mit großer Sorgfalt durchgeführt und brachte folgende Ergebnisse: Die Temperatur lag um knapp zwei Grad Celsius über der Durchschnittstemperatur. Von dem recht milden Winter hat die Vegetation einen guten Vorsprung erhalten. In den ersten Märzwochen gab es richtiges Schmuddelwetter. Es machte aber am vergangenen Wochenende einen großen Sprung: Um glatte zehn Grad Celsius stieg die Quecksilbersäule auf 22,8 Grad. Folgender Kommentar erging von der Wetterstation: „Der Mensch freut sich über den augenblicklichen Zustand.“

Zur Erinnerung: Satzarten

Einfache Satzarten sind Aussage-, Frage- oder Aufforderungssätze.
In Texten erkennst du sie an den Satzschlusszeichen: Punkt, Frage- oder Ausrufezeichen.
Manchmal verkürzt ein Autor die Sätze auch, dann fehlt z. B. das Prädikat oder das Subjekt im Satz.
In deinen Arbeiten solltest du aber darauf achten, vollständige Sätze zu formulieren.
Im mündlichen Gespräch kommt es öfter vor, dass wir verkürzt fragen oder antworten.
Im Unterricht fordert dich die Lehrerin dann schon einmal auf: *„Antworte bitte in ganzen Sätzen!"*
Oder sie stellt die Frage, die aber als Aufforderung gemeint ist:
„Kannst du bitte auch in ganzen Sätzen antworten?"

1 a) Im folgenden Text findest du einige verkürzte Sätze. Unterstreiche sie.
Beispiel: *Die Mutter fragte: „Wann gibt es Ferien?" Die Tochter: „Nächste Woche!"*
b) Formuliere dann vollständige Sätze, z. B.:
Die Tochter erwiderte: „Wir bekommen nächste Woche Ferien."

Christoph Köck

Mit dem Finger auf der Landkarte – Abenteuerurlaub für alle

Zu den lebhaften Erinnerungen aus meiner Kindheit in den sechziger Jahren gehört ein Wortwechsel, den wir Schüler nach Ende der Sommerferien führten. Obligatorische Frage des Banknachbarn: „Warst du weg in den Ferien?" Lässige Antwort: „In Afrika." Ungläubige Rückfrage: „Wirklich? Mit wem?" Die gewitzte Replik: „Mit dem Finger auf der Landkarte."

Und wo waren wir tatsächlich gewesen, die wir im gebirgigen südwestfälischen Hinterland wohnten? Bei Tante Anna in Schnellrode im Hessischen, mit den Messdienern in der Jugendherberge in Oer-Erkenschwick oder mit den Pfadfindern zelten im Westerwald – nicht eben weit weg, mit schmaler Urlaubskasse allemal.

Heute, kaum drei Jahrzehnte später, verläuft das Frage-und-Antwort-Spiel zum Thema Ferien ganz anders. Dieselbe Generation trifft sich: „Warst du dieses Jahr wieder in Australien?" – „Nein, drei Wochen in Südafrika, ganz fantastisch; Kapstadt musst du sehen, ein Traum, mit Abstecher nach Namibia mit Safari." Sie setzen den Dialog fort, etwa über den Service diverser Fluggesellschaften, die beste Malaria-Prophylaxe, den neuesten Reiseführer, die „coolsten" Strände, mögliche Reiseziele für den Winter.

Die Satzreihe

Die Satzreihe besteht aus mindestens zwei selbstständigen Teilsätzen.
Durch **Kommas** werden Teilsätze in einer **Satzreihe** abgetrennt.

Hauptsatz **,** Hauptsatz

Familie Geröllheimer fliegt nach Australien, Familie Feuerstein bleibt dieses Jahr zu Hause.

Manchmal werden Hauptsätze mit **nebenordnenden Konjunktionen** verbunden.
Diese Konjunktionen können Hauptsätze aneinanderreihen (z. B. *und*)
oder die Aussagen der Hauptsätze einander entgegenstellen (z. B. *aber*).

Sind die Hauptsätze durch die **anreihenden Konjunktionen** wie *und, oder, weder … noch, entweder … oder* miteinander verbunden, **kannst** du ein Komma zur Verdeutlichung setzen, du musst es aber nicht.

Hauptsatz (,) anreihende Konjunktion + Hauptsatz

*Meine Schwester liebt den Urlaub am Meer **(,)** und ich bevorzuge Skiurlaub im Gebirge.*
*Weder hatte Vater an die Regenschirme gedacht **(,)** noch hatte Mutter Wetterjacken mitgenommen.*

Wenn die Teilsätze in einer Satzreihe mit einer **entgegenstellenden Konjunktion** verbunden werden (z. B. *aber, sondern, jedoch, doch*), wird ein Komma vor die Konjunktion gesetzt.

Hauptsatz **,** entgegenstellende Konjunktion + Hauptsatz

Der Strand war wunderbar, aber die Stadt war total überlaufen.

1 Im folgenden Text fehlen Satzzeichen. Schreibe den Text neu, indem du selbst entscheidest, wo du Teilsätze durch ein Komma trennen oder wo du lieber einen Punkt setzen willst. Beachte neben der Zeichensetzung auch die Großschreibung am Satzanfang.

Wohin geht die Reise

Ostseeküste oder Österreich, Seychellen oder Südafrika – alljährlich haben die Bundesbürger die Qual der Wahl ihres Urlaubsziels die touristische Welt steht ihnen offen es gibt für sie keine weißen Flecken mehr auf der Urlaubslandkarte innerhalb des Reisebooms der letzten Jahrzehnte konnten die Deutschen breite Reiseerfahrungen sammeln deutsche und europäische Zielgebiete sind ihnen vertraut zunehmend reisen sie auch in außereuropäische Tourismusregionen damit wächst aber auch ihr Anspruchsniveau und ändert sich ihr Reiseverhalten

2 Verbinde die Teilsätze mit einer nebenordnenden Konjunktion.
Entscheide, wann du ein Komma setzen musst/willst:

Reisen erhält eine neue Qualität. Tempo und Leistung gewinnen im Urlaub an Bedeutung.

Immer mehr Touristen suchen Erlebnis statt Erholung. Auch die Einstellung zur Freizeitgestaltung wandelt sich.

Manche sehen im Job ein notwendiges Übel. Das eigentliche Leben findet im Urlaub statt.

Mitte der sechziger Jahre beginnt das Jet-Zeitalter. Moderne Großraum-Flugzeuge überwinden in kürzester Zeit weite Strecken.

Flughäfen werden ausgebaut. Charterfluggesellschaften erleben einen Aufschwung.

Auch entferntere Reiseziele sind jetzt erreichbar. An der spanischen Costa del Sol und auf der Mittelmeerinsel Mallorca entstehen Zentren des Massentourismus.

Überhöhte Preise verringern nicht die Reiselust. Überfüllte Urlaubsorte halten nicht von der Reise ab.

Die Reisenden buchen schon zu Hause ein Hotel. Man sucht erst nach der Ankunft ein Zimmer.

Das Satzgefüge

Ein Satzgefüge besteht aus mindestens einem Hauptsatz und mindestens einem Nebensatz. Die Teilsätze sind durch ein Komma getrennt. Der Nebensatz wird meist mit einer unterordnenden Konjunktion (z. B. *weil, dass, als*) oder einem Relativpronomen (z. B. *der, die, das*) eingeleitet; er kann auch in den Hauptsatz eingeschoben werden.

Tipp

Merkmale von Nebensätzen:
- Die Personalform des Verbs steht am Ende.
- Zumeist findet sich ein Einleitewort (Konjunktion, Relativpronomen), das den Bezug zum Hauptsatz herstellt.
- Nebensätze können in der Regel (besonders in der Schriftsprache) nicht alleine stehen.
- Nebensätze werden durch Kommas vom Hauptsatz abgetrennt.

1 Mach dir durch ein Stufenmodell deutlich, wo Hauptsatz **(HS)** und Nebensatz **(NS)** im Satzgefüge stehen.

Als wir neulich im See badeten, war das Wasser noch sehr kalt.

Konjunktion __NS__, ______HS______.

Während wir im See badeten, wurde unser Geld gestohlen.

Wir können, wenn es morgen nicht regnet, ein Gartenfest machen.

Gestern bekamen wir in der Schule hitzefrei, weil wir über 40° im Schatten hatten.

Im Bus war es schön kühl, da die Klimaanlage eingeschaltet war.

Damit du dir keinen Sonnenbrand holst, musst du Sonnencreme benutzen.

Unser Lieblingsgetränk ist jetzt Apfelsaft, den wir mit Sprudelwasser und Eiswürfeln mixen.

Alle Schülerinnen und Schüler, die Kostüme trugen, kamen zum Neptunfest kostenlos ins Freibad.

Am Abend zeigten hoch aufgetürmte Wolkenmassen, dass es in der Nacht ein Sommergewitter geben würde.

Einleitung des Nebensatzes mit Relativpronomen

eingeschobener Relativsatz

Für jeden, ***der*** **(Relativpronomen)** *es sich leisten kann, gibt es die richtige Variante: Bergwandern mit Rucksack, jetzt „Trekking" oder „Backpacking" genannt.*

Nebensätze mit Relativpronomen (Relativsätze) nehmen oft die Stelle eines Attributs ein.

Das ***gestern eröffnete*** *Reisebüro bietet verbilligte Reisen in den Süden an.*

Attribut

Das Reisebüro, ***das gestern eröffnet worden ist,*** *bietet verbilligte Reisen in den Süden an.*

Relativsatz

Die Relativpronomen *der, die, das* können durch *welcher, welche, welches* ersetzt werden. So kannst du im Zweifelsfall das Relativpronomen *das* von der Konjunktion *dass* unterscheiden.

Das Reisemagazin, ***das*** **(welches)** *Großmutter mitbrachte, enthält zahlreiche verlockende Angebote.*

2 Bilde Satzgefüge mit Relativsätzen.

Extremabenteurer wie Reinhold Messner füllen mit „Panoramavisionen" ganze Sporthallen. Diese Visionen sind eine fortgeschrittene Variante des Diavortrages.

____

____

Jeder Fernsehsender greift mit seiner Programmgestaltung das Interesse an fremden Kulturen auf. Täglich zeigt er Berichte über ferne und nahe Reiseziele.

____

____

____

Oder die Fernsehsender senden Spielfilmserien. Meist werden sie an südlich-sonnigen Drehorten produziert.

____

____

Millionen von Menschen lassen sich durch Expeditionsreportagen beeindrucken. Die Reportagen berichten oft von waghalsigen Abenteuern.

____

____

Das Fernsehpublikum will inzwischen wie Pauschaltouristen eine Bergbesteigung buchen. Es hat Berichte von Expeditionen gesehen.

____

____

Einleitung des Nebensatzes mit einer unterordnenden Konjunktion

Nebensätze mit Konjunktionen, z. B. Kausalsätze, Temporalsätze, Konsekutivsätze, nehmen oft die Stelle einer adverbialen Bestimmung ein.

Trotz des anhaltenden Regens reisten keine Urlauber ab.

adverbiale Bestimmung

***Obwohl** es anhaltend regnete, reisten keine Urlauber ab.*

Adverbialsatz

3 Bilde zu den unterstrichenen adverbialen Bestimmungen Satzgefüge mit Adverbialsätzen.

Mit der Ausbreitung des Abenteuertourismus wird es modern, den Urlaub in exotischen Regionen zu verbringen.

Angesichts des großen Angebots ist es nicht mehr notwendig, sich lange vor Reisebeginn für das Ziel zu entscheiden.

Auf Grund der Möglichkeit der Last-Minute-Reisen werden Reiseentscheidungen kurzfristiger als früher getroffen.

Trekking im Himalaja

15. August
6 Uhr Wecken (...) Nach dem Frühstück Zeltabbau, Waschen am Bach und gegen 8 Uhr Abmarsch Richtung „kleiner Pass". Der stellt sich aber als so anstrengend wie die übrigen heraus. Vom Bach aus muss erst eine kleine Anhöhe genommen werden, dann geht es steil nach oben bei sengender Sonne. Mücken umschwirren uns, weil wir ordentlich schwitzen. Ohne nennenswerte Pause geht es nach oben. Um 11.10 Uhr erreichen wir die Passhöhe. (...) Einstündige Rast, weil der Aufstieg für unsere beiden Patienten (Maria: Knieprellung, Nikolaus: Hexenschuss) sehr anstrengend ist. Doch sie schlagen sich prächtig und kommen noch vor den Letzten an.

Nach 12 Uhr machen wir uns an den Abstieg. Zunächst sehr steil und felsig, dann auf teils sandigem, teils schotterigem Weg und einigermaßen flach steigen wir zum Zanskar-Fluss herab. Die Hitze trocknet uns fast aus. Überm Weg flimmert die Luft. Mit nur kurzen Trinkpausen gehen wir durch, hoch und steil überm Zanskar bis zu einem Zufluss, wo wir kurz vor 15 Uhr eintreffen.

4 Verfasse auf der Grundlage der Tagebuchnotizen in deinem Heft einen Reisebericht.
Bilde – wenn möglich – Satzgefüge mit passenden unterordnenden Konjunktionen.

Nachdem wir morgens um 6 Uhr geweckt worden waren, mussten wir erst Frühstück machen, Anschließend ...

Adverbialsätze

Nebensätze, die die Stelle einer adverbialen Bestimmung einnehmen, heißen Adverbialsätze. Die Arten der Adverbialsätze sind:

- **Temporalsätze,** die die Zeitverhältnisse angeben.
  Du kannst fragen mit: *Wann …? – Seit wann …? – Wie lange …?*
  Häufig gebrauchte Konjunktionen: *als, während, nachdem, seit*
  Nachdem ich einige Stunden Chemieunterricht hatte, *ist Chemie mein Lieblingsfach geworden.*
- **Konditionalsätze,** die eine Bedingung angeben.
  Du kannst fragen: *Unter welcher Bedingung …?*
  Häufig gebrauchte Konjunktionen: *wenn, falls, sofern*
  Draht dehnt sich aus, ***wenn er erwärmt wird.***
- **Konsekutivsätze,** die Folgen oder Wirkungen angeben.
  Du kannst fragen: *Mit welcher Folge …? – Mit welcher Wirkung …?*
  Häufig gebrauchte Konjunktionen: *sodass, dass …*
  Ich führe gerne chemikalische Versuche durch, ***sodass ich mir zum Geburtstag einen Chemiebaukasten wünsche.***
- **Kausalsätze,** die einen Grund, eine Ursache angeben.
  Du kannst fragen: *Aus welchem Grund …? – Aus welcher Ursache …? – Warum …?*
  Häufig gebrauchte Konjunktionen: *weil, da*
  Weil Metall ein besserer Wärmeleiter als Glas ist, *stellt man in ein heißes Teeglas zum Abkühlen einen Metalllöffel.*
- **Finalsätze,** die eine Absicht oder einen Zweck angeben.
  Du kannst fragen: *Mit welcher Absicht …? – Zu welchem Zweck …? – Wozu …?*
  Häufig gebrauchte Konjunktion: *damit*
  Wiederhole ein Experiment mehrere Male, ***damit du die Ergebnisse vergleichen kannst.***

1 Untersuche die folgenden Versuchsbeschreibungen auf Adverbialsätze hin.
Unterstreiche die Adverbialsätze und umkringele die Konjunktionen.
Schreibe an den Rand, um welche Art von Adverbialsatz es sich handelt.

Warum friert man leicht, wenn man im Sommer nach dem Schwimmen aus dem Wasser kommt?

Lass eine Flasche Wasser und eine Flasche Alkohol über Nacht nebeneinander stehen, sodass sie am nächsten Morgen die gleiche Temperatur haben. Gieße einen Tropfen Wasser und einen Tropfen Alkohol an verschiedenen Stellen auf eine Untertasse, damit du die Verdunstung beobachten kannst. Der Alkohol verdunstet schneller als das Wasser. Nun gieße dir einige Tropfen Wasser auf den einen Handrücken und einige Tropfen Alkohol auf den anderen.

Konsekutivsatz (Wirkung)

Wie fühlen sich die beiden Flüssigkeiten an? Der Alkohol fühlt sich bestimmt kälter an. Das kommt daher, weil er schneller verdunstet. Wenn die Flüssigkeiten verdunsten, entziehen sie deiner Hand Wärme. Wind beschleunigt die Verdunstung.

Sobald man aus dem Schwimmbecken kommt, treffen Luft und vielleicht auch Wind auf den Körper und beschleunigen die Verdunstung. Weil das Wasser dann sehr schnell verdunstet, friert man.

Warum tragen wir im Winter Wollsachen?

Nimm zwei Milchflaschen von gleicher Größe und einen Krug mit heißem Wasser. Miss die Wassertemperatur und notiere sie, damit du sie nicht vergisst. Finalsatz (Zweck)

Fülle nun beide Milchflaschen bis zum Rand mit dem heißen Wasser und verschließe sie dann. Nachdem du eine der beiden Flaschen mit einem Wolltuch umhüllt hast, stellst du sie neben die andere an einen kühlen Platz.

Miss die Wassertemperatur in den beiden Flaschen nach ungefähr einer halben Stunde erneut. Ist sie in den beiden Flaschen gleich? Das Wasser in der Flasche mit der Wollhülle ist wärmer, weil Wolle ein schlechter Wärmeleiter ist. Aus dieser Flasche ist daher weniger Wärme entwichen.

Wir tragen Wollkleidung, damit unsere Körperwärme nicht so leicht entweicht. Wolle ist ein schlechter Wärmeleiter, weil sie viele kleine Zwischenräume mit Luft enthält.

Wie kann man sich ein Thermometer selber machen?

Nimm einen Glaskolben, wie du ihn auf dem Bild siehst, einen Gummistöpsel mit einem Loch darin und ein Glasröhrchen, das gerade in den Stöpsel passt. Befeuchte den Gummistöpsel und das Glasröhrchen und stecke das Röhrchen dann in den Stöpsel. Verschließe den Glaskolben luftdicht mit dem Stöpsel, sodass nur durch das Glasröhrchen Luft in den Kolben treten kann. Konsekutivsatz (Wirkung)

Drehe den Kolben nun um und tauche das Ende der Glasröhre in eine Schüssel mit Wasser. Halte den Kolben mit einem Ständer in dieser Stellung fest.

Wenn man das Wasser färbt, sieht man besser, was geschieht. Nimm zum Färben Eierfarbe oder ein bisschen Tinte.

Halte deine Hände an den Glaskolben, bis sich die Luft darin ausgedehnt hat und einige Luftblasen (acht bis zehn) entwichen sind. Nun hast du ein Luftthermometer. Wenn die Luft kälter wird, steigt das Wasser in dem Röhrchen. Dann zieht sich nämlich die Luft im Kolben zusammen und braucht weniger Platz. Wenn die Luft wärmer wird und sich ausdehnt, drückt sie nach unten in die Glasröhre. Dieses Thermometer steht auf dem Kopf, verglichen mit den normalen Thermometern. Bei den normalen Thermometern ist der Kolben unten. Das Luftthermometer wurde von dem berühmten Italiener Galilei erfunden.

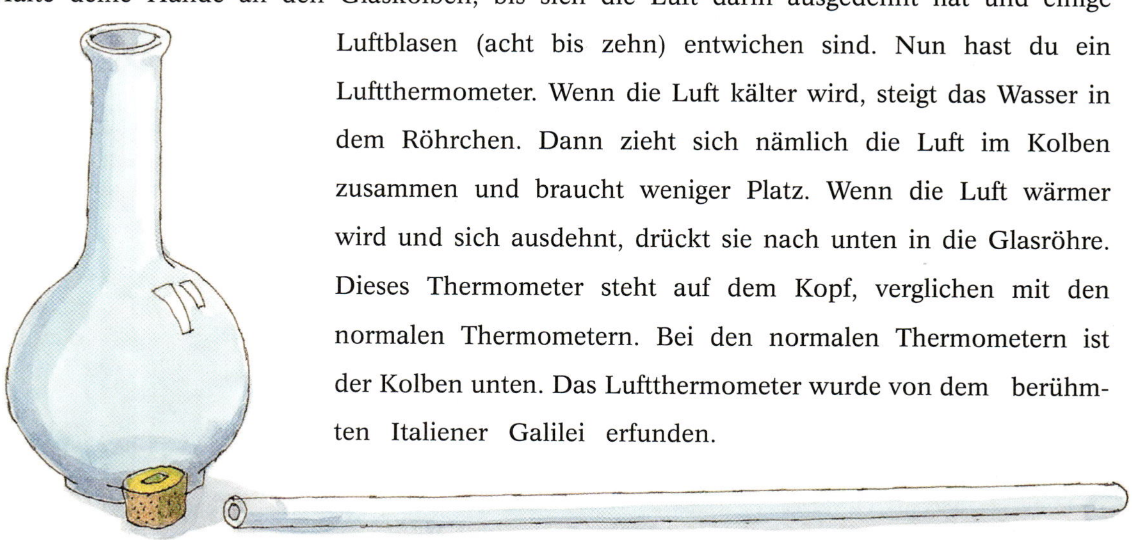

Subjektsätze und Objektsätze (Inhaltssätze)

Die Rolle von Subjekt oder Objekt kann in Hauptsätzen auch von Nebensätzen, **den Subjektsätzen und Objektsätzen,** übernommen werden.
Dann entstehen Satzgefüge.

Subjektsatz = NS , HS .

Objektsatz = NS , HS .

Der **Subjektsatz** lässt sich wie das Satzglied „Subjekt" erfragen.
Schade war nur, dass die eben aufgebauten Lachmuskeln schon gleich in der darauf folgenden Unterrichtsstunde wieder abschlafften.
Frage-Probe: *(Wer oder) was war schade? – …, dass die … Lachmuskeln … wieder abschlafften.*

Der **Objektsatz** lässt sich wie das Satzglied „Objekt" erfragen.
Ich lese gerade, dass der Schriftsteller Eicke früher als Journalist gearbeitet hat.
Frage-Probe: *(Wen oder) was lese ich gerade? – …, dass Eicke früher als Journalist gearbeitet hat.*

Übrigens: Die Konjunktion „*dass*" wird immer mit Doppel-s geschrieben. Du kannst sie leicht von dem Relativpronomen „*das*" unterscheiden, wenn du die Ersatzprobe durchführst:
Nur das Relativpronomen „*das*" lässt sich durch „*welches*" ersetzen.
Das ist das Buch, ***das (welches)*** *ich Max geschenkt habe.*
Er findet, ***dass*** *ich es unbedingt lesen soll.* **(„dass"** nicht ersetzbar)

Subjekt- und Objektsätze nennt man auch **Inhaltssätze.**

1 Subjektsätze oder Objektsätze? – Bestimme mit Hilfe des Satzes in Klammern, welches Satzglied zum Nebensatz geworden ist, und zeichne unter das Satzgefüge den Satzbauplan.
Achtung! Nicht immer muss der Hauptsatz am Anfang des Satzes stehen. Ein Satz kann auch mit dem Nebensatz beginnen.

Objekt

(Ich träume oft etwas.)
Ich träume oft, dass ich fliegen kann.

HS , Objektsatz = NS .

(Etwas ärgerte mich.)
Mich ärgerte, dass der Zettelkram so viel Zeit kostete.

(Sandra wurde etwas klar.)
Sandra wurde klar, wie sie das Rätsel lösen konnte.

(Etwas hatte ich völlig vergessen.)
Dass er kommt, hatte ich völlig vergessen.

(Jemand kommt sicherer nach Hause.)
Wer vorsichtig fährt, kommt sicherer nach Hause.

(Ich hörte etwas.)
Ich hörte, dass es noch regnete.

Inhaltssätze (Subjekt- und Objektsätze) geben den Inhalt dessen an, was man weiß, sagt, vermutet, hofft, wünscht, was klar oder unklar ist usw.: *Julia erklärt,* ***dass sie gerne liest.***
Dabei werden Inhaltssätze auf unterschiedliche Art und Weise gebildet, d. h., es gibt verschiedene Formen von Inhaltssätzen:

Beispiele	Formen von Inhaltssätzen
Manche Schüler meinen, ***dass Lesen langweilig ist.***	dass-Satz
Julia überlegt, ***ob Computerspiele nicht spannender sind als Lesen.*** *Erwachsene fragen sich,* ***warum Jugendliche heute so wenig lesen.***	indirekter Fragesatz eingeleitet mit z. B. *ob, warum, wie*
Andere behaupten, ***nie Zeit zum Lesen zu haben.***	Infinitivsatz (siehe auch S. 45)

Der Jugendbuchautor und Liedermacher Wolfram Eicke besuchte eine Schule, um einigen Schülerinnen und Schülern aus seinen neuesten Büchern vorzulesen. Im Anschluss verfassten sie für die Schülerzeitung folgenden Bericht.

1 Unterstreicht im folgenden Text nur die Inhaltssätze. Wählt für jede Form eine andere Farbe (ihr braucht drei Farben).

Autorenlesung – ein richtiger Schriftsteller in der Schule

Gespannt warteten wir im Musiksaal, als endlich Wolfram Eicke, bepackt mit einer Gitarre und einer dicken Tasche, den Raum betrat. Wir begrüßten ihn mit stürmischem Applaus, denn wir hatten gehört, dass er extra für diese Lesung aus Lübeck angereist war. Gleich am Anfang fragte er uns, welche Hobbys wir haben, welche Musik wir gerne hören, ob wir gerne lesen. Zu seiner humorvollen und witzigen Art passte es, dass er uns zunächst ein lustiges Lied vorsang, denn er erklärte, dass man mit Sprache spielen kann. „Udo ging angeln. – Ein Boot treibt umgedreht auf dem See." Das Lied zeigte uns, dass bestimmte Bilder in unseren Köpfen durch die jeweilige Reihenfolge von Wörtern entstehen können. Denn wir fragten uns sofort, ob Udo untergegangen ist.

Dann las er seine Geschichte „Sie wollte es ausprobieren" aus der Sammlung von Liebesgeschichten „Herzflattern" vor. Die Geschichte handelt von Sabine, die in den Ferien mit ihren Eltern nach Dänemark fährt. Dort lernt sie einen Jungen kennen, mit dem sie zunächst nur Blicke austauscht. Beide wünschen sich, dass sie sich näher kommen können. Der lang ersehnte Kuss, für den man angeblich nur Mut braucht, war der Höhepunkt der Geschichte. Bei einer späteren Umfrage stellte sich heraus, dass diese Geschichte – oh Wunder – wirklich allen gefallen hatte.

Nach der Lesung und nach einer Pause, in der wir uns alle Autogramme holen konnten, war noch Zeit für Fragen an den Autor.

Wir wollten wissen, wie er überhaupt zum Schreiben gekommen ist, wie sein Tag aussieht, was er gerne liest, ob er ein Vorbild hat und und und ... Er meinte, dass er gerne herumblödelt und am liebsten Leute zum Schmunzeln bringt. Wir erfuhren, dass er schon mit 10 Jahren anfing, kleine Geschichten zu schreiben. Als er 26 Jahre alt war, wurde sein erstes Buch veröffentlicht. Herr Eicke berichtete, dass er überall schreibt. Manchmal schreibt er auch die ganze Nacht durch. Unser Gast erklärte uns, warum er zuerst immer mit der Hand schreibt. „Mit dem Computer habe ich nach zwei Stunden vier wunderschöne, perfekte Sätze auf dem Bildschirm, aber ich habe den Faden für meine Geschichte verloren. Ich schreibe immer erst alles in eine Kladde, später gebe ich es in den Computer ein."

So erklärte er uns, wie er auf die Idee zum Buch „Blitzlicht" kam. Er war mit seiner Frau im Kino und fragte sich, wie die Kinder in den Film und die Werbung kommen. Daher begann er, sich für dieses Thema stärker zu interessieren. Für weitere Recherchen besuchte er ein Hamburger Fotostudio. Wir erfuhren, dass er an diesem Jugendbuch ungefähr drei Monate lang gearbeitet hatte.

Nach einem weiteren Lied, „Einfach nur so", waren leider diese wunderschönen Schulstunden zu Ende. Das war besonders schade, weil wir noch geplant hatten, ein neues Lied zusammen zu dichten. Wir fanden es jedenfalls toll, einmal einen richtigen Autor kennen zu lernen und eine Lesung mitzumachen.

Tipp Inhaltssätze stehen oft bei Verben des Sprechens (sagen, fragen, behaupten …) sowie der sinnlichen und geistigen Wahrnehmung (beobachten …) oder Tätigkeit.

2 Schreibe aus dem obigen Bericht die von den Schülerinnen und Schülern benutzten Verben, die die Inhaltssätze signalisieren, heraus.

____

____

____

3 Bilde aus folgenden Sätzen Satzgefüge mit Inhaltssätzen der verschiedenen Formen.
Schreibe jeweils die Art der Inhaltssatzbildung dazu.
Beachte die Zeichensetzung: Zwischen Hauptsatz und Nebensatz steht ein Komma!

Beispiel:
Die Schüler freuten sich. Sie lernten einen richtigen Schriftsteller kennen.
Die Schüler freuten sich, einen richtigen Schriftsteller kennen zu lernen. (Infinitivsatz)

Bis zur Autorenlesung wussten die meisten Jugendlichen nichts. Wie lebt und arbeitet ein Schriftsteller?

____

____

Die Schülerinnen und Schüler versuchten herauszufinden: „Warum und wann ist W. Eicke Schriftsteller geworden?"

____

____

Jemand fragte: „Haben Sie ein Lieblingsbuch?"

____

Dabei erfuhren sie etwas Interessantes. Eickes bisher größter Erfolg ist ein Märchenbuch.

____

____

Viele Schüler nahmen sich etwas vor. Sie wollen Bücher von W. Eicke lesen.

____

____

Leseförderung für Schüler am Amos-Comenius-Gymnasium

Wer war Dostojewski?

wze Pennenfeld. Um die Leselust der Sextaner und Quintaner auf dem Amos-Comenius-Gymnasium zu fördern, ließ sich Referendarin Claudia Hübbers etwas Besonderes einfallen. Mit Unterstützung des Fördervereins der Schule engagierte die Deutsch- und Englischlehrerin einen Kinderbuchautor, der den Schülern auf kreative Weise das Lesen schmackhaft machen sollte.

Frei nach der Devise „Durch Entertainment Interesse wecken" präsentierte Wolfram Eicke im Musiksaal den Kindern auch ein buntes „Unterhaltungsprogramm". Erst hieß es jedoch: Schüler fragen, Kinderbuchautor antwortet. „Was ist Ihr Lieblingsessen?" „Womit schreiben Sie oder was lesen Sie für Bücher?" So lauteten einige Fragen der Gymnasiasten an den Ex-Journalisten.

Dosto ... was?, so die Reaktion der Schüler auf einen Namen wie Fjodor Dostojewski, der so bekannte „Klassiker" wie „Schuld und Sühne" oder „Die Brüder Karamasow" geschrieben hat. Mit Mark Twain konnten sie schon eher etwas anfangen und beim Namen Stephen King ging ein Raunen durch den voll besetzten Saal. „Vor allem will ich wissen, wie es weitergeht, wenn ich lese", erklärte Eicke den Schülern seine Motivation zu lesen.

Der freie Schriftsteller aus Lübeck schreibt seit über zehn Jahren Kurzgeschichten, Märchen und Lieder für Kinder und Erwachsene. Seinen Auftritt im Amos begleitete er auf seiner Gitarre mit Liedern „für diese komische Welt". Und er lieferte auch gleich die Begründung für sein Tun: „Nicht weil es Geld bringt oder anderen nützt – einfach nur so", sang er vergnügt. Lesen, musizieren, singen und lachen – mit dieser Mischung konnte Wolfram Eicke die Schüler problemlos für sich gewinnen. Lesen wurde als Erlebnis präsentiert und die Schüler konnten an diesem Schulvormittag im Amos ihrer Neugierde freien Lauf lassen.

Referendarin Claudia Hübbers beschäftigt sich in ihrer Examensarbeit mit dem Thema „Leseförderung". „Gerade durch den übermäßigen Medienkonsum verlernen Kinder heutzutage das Lesen", sagte sie.

Mit der Aktion sollten die Schüler begeistert werden, beispielsweise auch Zeitung zu lesen, meinte die Deutschlehrerin. Lesen als gemeinsames Erlebnis sei allemal besser, „als wenn jeder Einzelne alleine vor seinem Computer oder Fernseher sitzt", meinte die Referendarin.

4 In diesem Artikel, der in der „Bonner Rundschau" erschien, sind nur wenige Inhaltssätze aufzufinden. Bilde nun selbst Inhaltssätze, indem du mit Hilfe des Zeitungsartikels die folgenden Sätze vervollständigst:

Beispiel:
Der Verfasser des Artikels geht davon aus, dass die Referendarin die Leselust der Schüler fördern will.

Der Journalist erlebte mit, wie ______________________

____

Die Jugendlichen interessierte, womit ______________________

____

Die Schülerinnen und Schüler wussten nicht, ______________________

____

____

______________________ *, erklärte Eicke.*

Dem Schriftsteller gelang es problemlos, ______________________

Und die Referendarin meinte, dass ______________________

____

Die Deutschlehrerin hoffte, ______________________

____

Cornelsen

Gibt's noch Fragen?

Alles so schwierig – keine Lust zum Üben? Dagegen wirken die bewährten Lernhilfen von *Cornelsen:*

Von Wort zu Wort
Im farbig gestalteten *Schülerhandbuch Deutsch* kann man 40.000 Wörter nachschlagen, Illustrationen erklären schwierige Begriffe. Kurzbiografien stellen Autoren vor; Fachartikel sichern das Basiswissen. – Das Ganze gibt es auch auf CD-ROM, mit zusätzlichem Rechtschreib- und Grammatikkurs: *Testen – Üben – Spielen.* ➨

Cornelsen

Das Angebot für Schüler, Studierende und Lehrkräfte: SSL-Lizenzen von Microsoft

Microsoft®

Standardsoftware wie Office 2000 hilft nicht nur in der Schule – man trifft sie auch im späteren Berufsleben immer wieder. Deshalb dürfen SSL-Lizenzen auch nach dem Abschluss weiter benutzt werden. Leichtsinnig ist, wer statt eines Originalprodukts eine Raubkopie benutzt. Das ist nicht nur verboten, es könnten auch Probleme mit der Software z. B. durch einen Virus, der sich mit der Kopie eingeschlichen hat, auftreten. Besser sind da die Microsoft SSL-Lizenzen – Originalsoftware zu besonders niedrigen Preisen.

ULK – Rechtschreibabenteuer
Bei diesem Multimedia-Lernprogramm wird man nicht verulkt, sondern erlebt Spannendes bei der *Expedition auf den Meeresgrund.* Und die Rechtschreibung übt sich ganz nebenbei ...

Schulgrammatik Deutsch
Vom Beispiel zur Regel.
Sehr anschaulich und übersichtlich erklärt diese Grammatik den Stoff der 5.–10. Klasse. Viele Abbildungen und Beispiele aus Sachtexten und Literatur machen neugierig und lassen keine Langeweile aufkommen.
Den praktischen Einstieg bietet das Register *Gesucht – Gefunden.* Da bleibt keine Frage offen!

Übungshefte: Alles klar!
Grammatik und Zeichensetzung, Rechtschreiben und Aufsatz lassen sich hier nach eigenem Tempo und ganz selbstständig (ein Heft mit Lösungen liegt bei) trainieren, bis der Stoff der 7./8. Klasse richtig sitzt :
So wird beim Üben bald *alles klar!*

Die virtuelle Lern-Community
Schnelle Hilfe für Hausaufgaben, Surfen und Chatten in 3-D-Welten, Games & Fun: also alles, was rund um das Lernen so richtig Spaß macht.
Dr. Mathe, Super James und Dora Deutsch helfen jedem auf die Sprünge!
Ein kostenloses Probeabo gibt es unter **http://www.learnetix.de**

Bestellungen der SSL-Lizenzen sind nur direkt beim Cornelsen Verlag mit **Schulstempel** oder **Immatrikulationsbescheinigung** möglich (keine Lieferung über den Buchhandel).

SSL Office 2000 PREMIUM
Das Paket umfasst die Programme:
- Word 2000
- Excel 2000
- Access 2000
- Powerpoint 2000
- Outlook 2000
- Publisher 2000
- Frontpage 2000
- Photodraw 2000

SSL Windows 2000 o. 98 – update

SSL Office 2000 Professional
Das Paket umfasst die Programme:
- Word 2000
- Excel 2000
- Access 2000
- Powerpoint 2000
- Outlook 2000
- Publisher 2000

SSL Visual Studio 6.0
Das Paket umfasst die Programme:
- Visual Basic 6.0 Professional
- Visual C++ 6.0 Professional
- Visual J++ 6.0 Professional
- Visual InterDev 6.0 Professional
- Visual FoxPro 6.0 Professional

Bestellkarte

Hiermit bestelle ich zur Lieferung wie umseitig ausgewiesen (per Nachnahme oder Bankeinzugsverfahren). Preis zuzüglich Versandkosten.

☐ **Von Wort zu Wort:**
Wörterbuch mit flexiblem Kunststoffeinband
ca. 512 Seiten, farbig
Bestellnr. 618269 22,90 DM

☐ **Elektronisches Schülerwörterbuch**
CD-ROM (Windows 95)
Bestellnr. 908100 ◇ 39,90 DM

☐ **ULK – Rechtschreibabenteuer als Multimedia-Programm**
Expedition auf den Meeresgrund 6.–8. Klasse
CD-ROM. (Multimedia PC) Bestellnr. 918815 ◇ 79,— DM

☐ **Schulgrammatik Deutsch**
192 Seiten, gebunden. Bestellnr. 618293 25,90 DM

☐ **Alles klar! Klasse 7/8:**
Rechtschreiben 2
88 Seiten. Bestellnr. 36863 11,90 DM

☐ **Alles klar! Klasse 7/8:**
Grammatik 2
88 Seiten. Bestellnr. 36898 11,90 DM

☐ **Alles klar! Klasse 7/8:**
Zeichensetzung 2
64 Seiten. Bestellnr. 36910 11,90 DM

☐ **Alles klar! Klasse 7/8:**
Aufsätze schreiben 2
72 Seiten. Bestellnr. 36944 11,90 DM

Gewünschtes bitte in dem entsprechenden Kästchen deutlich ankreuzen. Alle Titel können auch durch den Buchhandel zum Ladenpreis ohne Versandkosten bezogen werden.
Preisstand 1.1.2000. Änderungen vorbehalten. ◇ = Unverbindliche Preisempfehlung.

Bestellkarte

Hiermit bestelle ich zur Lieferung wie umseitig ausgewiesen (per Nachnahme oder Bankeinzugsverfahren). Preis zuzüglich Versandkosten.

Wichtiger Hinweis zur Bestellung:
Im Falle einer Bestellung, erhalten Sie von uns ein Paket mit einer vorläufigen Lizenz, den Lizenzvereinbarungen und einem Bestellformular für die Software-CD-ROM, die direkt von *Microsoft* an den Kunden ausgeliefert wird. Dieses Bestellformular ist vollständig ausgefüllt und mit den notwendigen Nachweisen versehen (Immatrikulationsbescheinigung, Bescheinigung der Schule oder Hochschule) an das *Microsoft Fulfilment Center* in Holland zu schicken. Ein voradressierter und vorfrankierter Umschlag liegt bei. Der Lieferumfang umfasst die persönliche Lizenz, die mit der Unterschrift des Bestellers gültig wird, und eine CD-ROM mit der Software.

☐ **SSL Office 2000 PREMIUM**
Bestellnr. 908291 ◇ 299,— DM

☐ **SSL Office 2000 Professional**
Bestellnr. 908305 ◇ 259,— DM

☐ **SSL Windows 2000 o. 98 – update**
Bestellnr. 926001 ◇ 139,— DM

☐ **SSL Visual Studio 6.0**
Bestellnr. 926206 ◇ 199,— DM

Gewünschtes bitte in dem entsprechenden Kästchen deutlich ankreuzen.
Preisstand 1.1.2000. Änderungen vorbehalten. ◇ = Unverbindliche Preisempfehlung.

Bitte in Druckschrift komplett ausfüllen

Name / Vorname

Straße / Hausnummer

Postleitzahl / Ort

Datum / Unterschrift der / des Erziehungsberechtigten

Ich bestelle zur Lieferung:

☐ per Nachnahme (Preis zzgl. Versandkosten und 6,50 DM Nachnahmegebühr)

☐ per Bankeinzug (Preis zzgl. Versandkosten)

Kontonummer

Bankleitzahl

Name des Kontoinhabers

Datum / Unterschrift des Kontoinhabers

BK 305

Bitte freimachen

Antwortkarte

Cornelsen

Cornelsen Verlag

14328 Berlin

Bitte in Druckschrift komplett ausfüllen

Name / Vorname

Straße / Hausnummer

Postleitzahl / Ort

Datum / Unterschrift der / des Erziehungsberechtigten

Ich bestelle zur Lieferung:

☐ per Nachnahme (Preis zzgl. Versandkosten und 6,50 DM Nachnahmegebühr)

☐ per Bankeinzug (Preis zzgl. Versandkosten)

Kontonummer

Bankleitzahl

Name des Kontoinhabers

Datum / Unterschrift des Kontoinhabers

BK 313

Bitte freimachen

Antwortkarte

Cornelsen

Cornelsen Verlag

14328 Berlin

Kommatipp bei Infinitivsätzen

Infinitivsätze **müssen** normalerweise **nicht** durch ein Komma abgetrennt werden.
Martin Luther King hoffte ***gegen Rassendiskriminierung in Amerika etwas tun zu können.***

Man **kann** aber Infinitivsätze durch ein Komma abtrennen, wenn man die Gliederung des Satzes **deutlich** machen oder gar mögliche **Missverständnisse vermeiden** will.
Es signalisiert auch dem Leser – besonders beim lauten Lesen –, wo er kurz innehalten kann.
Er bat seine Hörer(,) ***mit eindringlichen Worten physischer Gewalt entgegenzutreten.***
Er bat seine Hörer mit eindringlichen Worten (,) ***physischer Gewalt entgegenzutreten.***

Ein Komma **muss** stehen, wenn durch ein **hinweisendes Wort** auf den Infinitivsatz Bezug genommen wird, z. B.: *es, damit, daran, dazu.*
Martin Luther King rechnete ***damit,*** *nach seiner Rede „I have a dream" auf heftigen Widerstand zu stoßen.*

1 Im folgenden Redeausschnitt sind in den Infinitivsätzen die Infinitive markiert. Unterstreiche zuerst den gesamten Infinitivsatz und setze dann das Komma.
Klammere die Kommas ein, wenn sie nicht unbedingt nötig sind.

Martin Luther King
„I have a dream"

Aber wir weigern uns zu glauben, dass die Bank der Gerechtigkeit bankrott ist. Wir weigern uns zu glauben, dass es nicht genügend Gelder in den großen Stahlkammern der Gelegenheiten in diesem Land gibt.
So sind wir gekommen (,) diesen Scheck einzulösen. Einen Scheck, der uns auf Verlangen die Reichtümer der Freiheit und die Sicherheit der Gerechtigkeit geben wird.
Wir sind auch zu dieser würdigen Stätte gekommen um Amerika an die grimmige Notwendigkeit des Jetzt zu erinnern. Jetzt ist nicht die Zeit, wo man sich den Luxus einer „Abkühlungsperiode" leisten oder die Beruhigungsmittel langsamen, schrittweisen Fortschritts einnehmen kann. Jetzt ist die Zeit die Versprechungen der Demokratie Wirklichkeit werden zu lassen. Jetzt ist es Zeit aus dem dunklen und trostlosen Tal der Rassentrennung aufzubrechen und den hellen Weg der Gerechtigkeit für alle Rassen zu beschreiten. Jetzt ist es Zeit unsere Nation aus dem Flugsand rassischer Ungerechtigkeit zu dem festen Felsen der Brüderlichkeit emporzuheben. (...)
Während wir versuchen unseren rechtmäßigen Platz zu gewinnen, dürfen wir uns keiner ungerechten Handlung schuldig machen. Lasst uns nicht aus dem Kelch der Bitterkeit und des Hasses trinken um unseren Durst nach Freiheit zu stillen.
(...) Der wunderbare, neue kämpferische Geist, der die Gemeinschaft der Neger erfasst hat, darf uns nicht verleiten allen Weißen zu misstrauen. (...)
Wir können nicht allein marschieren. Und wenn wir marschieren, müssen wir uns verpflichten stets weiterzumarschieren. Wir können nicht umkehren.

Satzzeichen setzen

Tipp Auch die **Apposition** wird durch Kommas abgetrennt. Sie ist eine Form des Attributs.
*Karl Valentin****, ein Komiker aus München,*** *hat viele amüsante Dialoge geschrieben.*
Die Apposition ist in ihrem Kern immer ein Nomen *(Komiker)*. Sie folgt dem Bezugswort *(Karl Valentin)* und steht im gleichen Kasus wie das Bezugswort (hier: Nominativ).

1 a) Führe mit dem folgenden Text über Karl Valentin ein **Eigendiktat** durch.
- Lies erst den ganzen Text.
- Lies dann einen ganzen Satz durch.
- Präge dir eine Sinneinheit ein, die du auswendig aufschreiben kannst.
- Kontrolliere das Aufgeschriebene anschließend.
- Gehe den Text auf diese Weise Satz für Satz durch.

Wenn du einen Lernpartner/eine Lernpartnerin hast, könnt ihr auch ein Partnerdiktat machen.

b) Unterstreiche anschließend alle Nebensätze und Appositionen und erkläre die Kommasetzung.

Wer war Karl Valentin?

Karl Valentin, eigentlich Valentin Ludwig Fey, kommt am 4. Juni 1882 in Au, einer Vorstadt von München, zur Welt. Apposition

Der Vater, ein gelernter Tapezierer, ist Kompagnon der Möbeltransportfirma Falk & Fey. Valentin absolviert die Volksschule, auf Wunsch des Vaters erlernt er das Schreinerhandwerk und er besteht schließlich mit Erfolg die Gehilfenprüfung. 1902 tritt er in die Münchener Varietéschule ein. Nachdem aber im selben Jahr der Vater gestorben ist, verlässt Valentin die Schule und übernimmt die Firma, die er vier Jahre später verkauft. Inzwischen hat Valentin einen Musikapparat fertig gestellt, dessen nahezu 20 Instrumente er gleichzeitig bedienen kann. Relativsatz Mit dem Apparat auf dem Rücken geht er, der sich nun Charles Fey nennt, auf Deutschlandtournee. Doch er hat fast nirgends Erfolg, sodass er völlig mittellos nach München zurückkehrt. Etwa 1908 trägt er beim Baderwirt einen selbst verfassten Monolog vor, der ihm zu unerwartetem Erfolg verhilft. Der Singspielhallenbesitzer des Frankfurter Hof, welcher sehr gut verdiente, engagierte daraufhin Valentin, der schon nach wenigen Auftritten der populärste Komiker Münchens ist.

Eine kleine Kostprobe aus seinem Programm:

„Wissen Sie schon, dass ein Schuhmacher selbst gemachte Schuhe tragen kann, dass aber ein Schweinemetzger niemals selbst gemachte Würste isst?

…, dass mancher seine eigenen Fingernägel zum Fressen gern hat? (…)

…, dass man ein weiches Ei nicht als Zahnstocher benützen soll?“

Am 9. Februar 1948 stirbt er, nachdem er sich eine schwere Erkältung zugezogen hat.

Satzzeichen bei wörtlicher Rede

Die **wörtliche Rede** steht in Anführungszeichen. Der Redebegleitsatz kann vor, inmitten oder nach der wörtlichen Rede stehen.

Zwischen einem einleitenden Redebegleitsatz und der wörtlichen Rede steht immer ein Doppelpunkt:
Die Deutschlehrerin fragt den Schüler: „Kennst du Karl Valentin?“

Der eingeschobene Redebegleitsatz wird durch Kommas abgetrennt:
„Ich habe schon einmal gelesen“, ***antwortete der Schüler,*** *„wie Valentin in einen Schirmladen gegangen ist und die Verkäuferin total verrückt gemacht hat.“*

Der nachgestellte Redebegleitsatz wird durch ein Komma von der wörtlichen Rede abgetrennt:
„Heute werdet ihr einen Dialog von ihm kennen lernen, bei dem eine Maus im Mittelpunkt steht“, ***erklärte die Lehrerin.***
„Gibt es noch Fragen?“, ***wollte die Lehrerin wissen.***
„Hausaufgaben nicht vergessen!“, ***mahnte sie am Ende der Stunde.***

Karl Valentin

Die Maus

SIE: Weißt du schon das Neueste? In unserem Schlafzimmer ist seit einem Tag eine Maus.

ER: Ja, warum lässt denn eine Maus in ein Schlafzimmer hinein?

SIE: Blödes Geschwätz, niemand hat sie hineinlassen, die wird halt von selbst hineingekrochen sein.

ER: Gekrochen??

SIE: Na ja, hineingeflogen wird sie nicht sein.

ER: Wenn es sich um eine Fledermaus handelt, muss sie fliegen, eigentlich flattert eine fliegende Fledermaus – handelt sich's aber in unserm Falle um eine gewöhnliche Maus ohne Fleder, dann ist die Maus in unser Schlafzimmer hineingelaufen; also Maus oder Fledermaus, das muss zuerst festgestellt werden, wegen der Fangart, also was war das für eine Maus?

SIE: Das weiß doch ich nicht, ich habe doch die Maus nicht gesehen.

ER: Ja, wie kannst du dann behaupten, eine Maus ist in unserm Schlafzimmer?

SIE: Ja weil ich sie gehört habe.

ER: Gehört? Ja das ist doch nicht schlimm, wenn du eine Maus nur hörst, denn das Hören einer Maus tut doch nicht weh – weh tut es, wenn dich eine Maus beißt.

SIE: Das könnte doch sein, dass die Maus zu mir ins Bett kriecht.

ER: Ha! Ja wer werd denn zu dir noch ins Bett kriechen?

SIE: Sei nicht so unverschämt! Ich meine, wenn die Maus zu mir ins Bett hineinkriecht und beißt mich …

ER: Dann hast du die Maus nicht gehört, sondern gespürt, und wenn sie beißt, dann schreist du mir sofort. Dann komm ich mit dem Holzhackl und schlage die Maus tot. Sollte ich aber von meinem Stammlokal noch nicht zu Hause sein, dann lass die Maus ruhig an deinem edlen Körper weiternagen und danke deinem Schicksal, dass es kein Königstiger war.

(1943)

2 Formuliere den Dialog zwischen einem Mann und seiner Frau in eine kurze Geschichte um und schreibe sie in dein Heft. Beachte dabei, dass du nun die wörtliche Rede durch Satzzeichen kennzeichnen musst.

Als Herr Untermeier gut gelaunt von der Arbeit nach Hause kam, empfing ihn seine Frau ganz aufgeregt mit folgenden Worten: „Weißt du schon das Neueste? In unserem Schlafzimmer ist seit einem Tag eine Maus.“ …

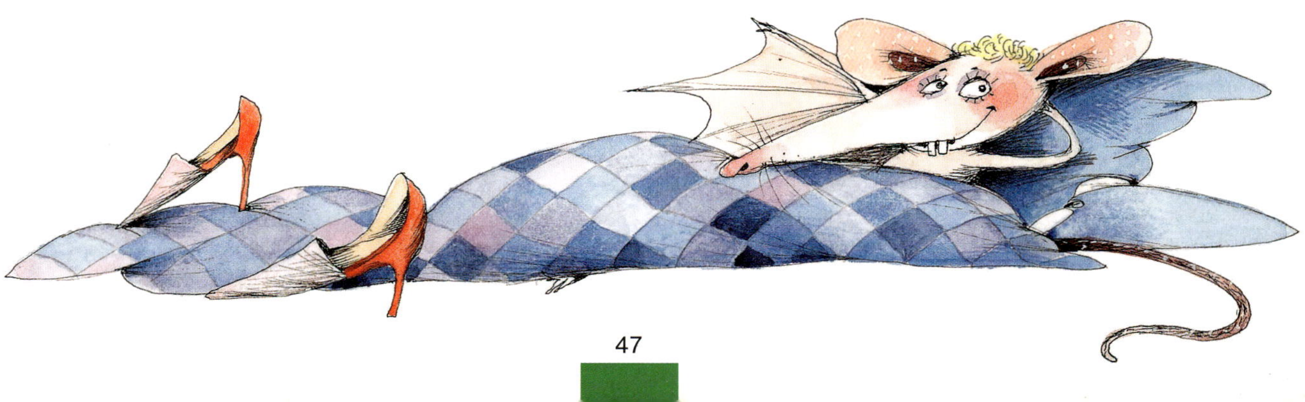

Groß- und Kleinschreibung

Folgende Regeln zur Großschreibung kennst du schon:

1. **Nomen** schreibt man groß.
2. **Eigennamen** schreibt man groß.
3. **Satzanfänge** schreibt man groß.
4. Den **Beginn der wörtlichen Rede** schreibt man groß.
5. Die **Anredepronomen** bei der **höflichen** Anrede schreibt man groß.
6. Wörter, die auf *-heit, -keit, -nis, -ung, -tum, -schaft* enden, sind **Nomen** und werden deshalb großgeschrieben.
7. Wörter, die im Satz als Nomen gebraucht werden, obwohl sie eigentlich anderen Wortarten angehören, werden großgeschrieben **(Nominalisierung).**

1 a) Unterstreiche im folgenden Text alle Wörter, die großgeschrieben werden.
b) Schreibe die Nummer der jeweiligen Regel in die Kästchen.

BADEWETTER .... [1]

NUN FREUT SICH BAUMGARTEN, DER BADEMEISTER, UND SAGT: .... [ ] [ ] [ ]
„ENDLICH LOCKT DAS STRAHLENDE BADEWETTER UND ALLE, SAG .... [ ] [ ]
ICH IHNEN, WOLLEN SICH IN DIE FLUTEN STÜRZEN.“ DAS ANGEKÜN- .... [ ] [ ] [ ]
DIGTE WUNDERBARE SOMMERWETTER NÄHRT SEINE HOFFNUNG, ... [ ] [ ]
DASS DREITAUSEND BESUCHER TÄGLICH DAS RÜNGSDORFER .... [ ] [ ]
FREIBAD NUTZEN, DESSEN MODERNE AUSSTATTUNG ALLEN GENÜ- .... [ ] [ ]
GEND MÖGLICHKEITEN ZUM SONNEN, BADEN UND SPIELEN GIBT. .... [ ] [ ] [ ] [ ]

2 Suche die passenden Endungen und bilde Nomen.

~~SAUBER~~ SCHAFT TRÜB ~~KEIT~~ EHRLICH NIS SAL TUM MANN KEIT HEMM NIS VERDAMM UNG TRAURIG KEIT HINDER IRR

Sauberkeit,

3 Suche zu folgenden Adjektiven verwandte Verben und Nomen.

süß	süßen, Süßigkeit	freundlich	
glatt		schwach	
klar		spät	
traurig		leer	
erkannt		spöttisch	
gehemmt		gesund	

Nominalisierungen

Großgeschrieben werden Verben, Adjektive oder Partizipien, wenn sie im Satz **als Nomen verwendet** werden. Diese nominalisierten Wörter können wie Nomen dekliniert werden und oft auch Singular und Plural bilden. Sie sind manchmal schwer zu erkennen – doch zum Glück gibt es einige Signale, die darauf hinweisen, dass ein Nomen folgt:

Nomen-Signale	Beispiele
• ein vorausgehender **Artikel,** manchmal mit einer **Präposition** verschmolzen:	***das*** *Schwimmen,* ***auf dem*** *Laufenden sein,* ***beim*** *Beobachten,* ***zum*** *Radfahren*
• ein vorangestelltes **Adjektiv** (oft in Verbindung mit einem Artikel):	***langes*** *Tauchen,* ***gellendes*** *Schreien, eine* ***gute*** *Bekannte*
• ein vorangestelltes **Pronomen** oder **Zahlwort** (Numerale):	***dein*** *Zögern,* ***jede(r)*** *Dritte,* ***drei*** *Viertel des Weges*

1. Das Verb als Nomen

1 Groß oder klein? Schreibe die Verben in der richtigen Form in die Lücken.
Achtung: Nominalisierungen von Wortgruppen mit Verben werden zusammengeschrieben, z. B. *Schlange stehen – das Schlangestehen, zusammen sein – das Zusammensein.*

Hans geht (gehen) im Sommer gern zum Schwimmen (schwimmen). Zum Schwimmbad muss er eine Stunde lang ____________ (Rad fahren). Das lange ____________ (Rad fahren) ____________ (bereiten) ihm einige Mühe, da er zehn Kilometer ____________ (zurücklegen müssen). Oft ____________ (kommen) er dabei ganz schön ins ____________ (schwitzen). Das zeitraubende ____________ (warten) an der Kasse macht ihn ganz nervös. Beim ____________ (umziehen) aber freut er sich schon auf das kühle Nass. Vor dem ____________ (schwimmen) ist das ____________ (duschen) vorgeschrieben. Hans ____________ (hassen) es zu duschen, da das Wasser eiskalt aus der Dusche kommt und ihn zum ____________ (frösteln) bringt. Die Bademeisterin lässt sich von dem ____________ (jammern) der Kinder nicht beeindrucken und achtet auf das ____________ (einhalten) der Duschvorschrift vor dem ____________ (betreten) der Schwimmbecken. Da hilft kein ____________ (zetern) und kein ____________ (sträuben). Hans lässt dann sein ____________ (schimpfen) und duscht sich ohne zu ____________ (murren). Am meisten ____________ (lieben) Hans weites ____________ (tauchen). Er kann über zwölf Meter weit ____________ (tauchen), dann muss er zum ____________ (atmen) an die Oberfläche. Sein ____________ (Luft holen) ist dann häufig ein lautes ____________ (pfeifen).

2 Ordne nun die nominalisierten Verben aus Aufgabe 1 (S. 49) in die folgende Tabelle der Nomensignale ein.

Artikel (+ Präposition)

zum Schwimmen, ____________________

____

____

____

(Artikel +) Adjektiv	Pronomen
____________	____________
____________	____________

3 Im Schwimmbad wimmelt es manchmal von Verbotsschildern. Viele Anweisungen und Verbote sind aber sinnvoll, um Unfälle und Störungen zu vermeiden. Setze die Verben in die Lücken ein und beachte die Großschreibung.
Beachte die Zusammenschreibung von nominalisierten Verbgruppen.

Fußball spielen | mitbringen | springen | umkleiden | abstellen | rauchen

Das ____________ vom seitlichen Beckenrand ist verboten.

Das ____________ auf der Liegewiese ist nicht erlaubt.

Das ____________ von Fahrrädern und Motorrädern vor dem Eingang ist untersagt.

Im Bereich der Schwimmbecken ist das ____________ untersagt.

Zum ____________ stehen Kabinen zur Verfügung.

Das ____________ von Flaschen und Gläsern ist im Bereich der Schwimmbecken verboten.

4 Auch die Hausordnung deiner Schule enthält Regeln und Verbote. Forme die folgenden Sätze so um, dass nominalisierte Verben entstehen.

a) Es ist nicht erlaubt, die Fahrräder im Schulhof abzustellen.

____

b) Es wird empfohlen, die Fahrräder an die Fahrradhaltestangen anzuketten.

____

c) Es ist verboten, während der Pause auf dem Schulhof zu fahren.

____

d) Im Schulgebäude ist es nicht erlaubt, Ball zu spielen.

____

5 Der Nominalstil, der bei deinen Umformungen entsteht, ist stilistisch nicht schön. Forme deshalb folgenden Satz so um, dass aus den Nominalisierungen wieder Verben werden.

Bei *Verlassen* des Klassenraums ist das *Schließen* der Fenster Pflicht der Schüler.

____

____

6 a) Die Zeichnungen (Piktogramme) auf den Schildern weisen auf Verbote oder Hinweise, die nominalisierte Verben enthalten. Was ist jeweils verboten oder gestattet?

Das ____________ ist erlaubt;

Das ____________ ist geboten.

Das ____________ ist verboten;

Das ____________ ist verboten.

b) Erfinde selbst neue Schilder, deren Bedeutung du mit Hilfe von nominalisierten Verben erklärst, z. B.: Das Küssen ist verboten.

____________ ____________

____________ ____________

7 Die folgenden kleingeschriebenen Sätze enthalten Redewendungen, bei denen aber jeweils ein Verb vertauscht worden ist. Setze die Redewendungen richtig zusammen und schreibe groß, wo es erforderlich ist.

der appetit kommt beim gehen.

er gerät ins essen.

wir klopften mit zittern und schwimmen an.

hier herrscht ein ständiges kommen und zagen.

mit hängen und biegen bestand er die prüfung.

er will auf würgen und brechen morgen fertig werden.

____

____

____

____

____

____

2. Das Adjektiv oder Partizip als Nomen

1 Schreibe die folgenden Adjektive und Partizipien in ihrer nominalisierten Form in die Leerstellen der Redewendungen. Bei manchen musst du ihre Steigerung verwenden.

trüb | laufend | ganz | klar | dunkel | gering | gut | trocken | weit | wesentlich | allgemein | folgend

Ihr sitzt auf dem ______________.

Man kann ihm nicht das ______________ vorwerfen.

Der Detektiv tappt im ______________.

Es hat sich alles zum ______________ gewendet.

Sie war sich darüber im ______________.

Die Kinder hatten im ______________ Recht.

Im ______________ mögen Hunde Menschen.

Die Polizei muss im ______________ fischen.

Sie hielt mich auf dem ______________.

Der Dieb sucht das ______________.

Diesmal will er aufs ______________ gehen.

Wir wollten es im ______________ besprechen.

2 Du hast sicherlich alle nominalisierten Formen in Aufgabe 1 großgeschrieben, weil sie ja auch an den Nomensignalen erkennbar waren. Im Folgenden versuche die passenden Nomensignale in die Lücken einzusetzen. Beachte, dass manche Präpositionen mit einem Artikel verschmelzen (z. B. *ins = in das*).

1. Er muss __________ Ganze im Auge behalten.
2. Sie will __________ Laufenden bleiben.
3. Die beiden neuen Schülerinnen verständigen sich __________ Russisch und __________ Englisch
4. Seine Vermutung traf __________ Schwarze.
5. Ihre schnelle Reaktion hat mich __________ Ärgsten bewahrt.
6. Die Flugzeugentführung ging __________ Ungewisse.
7. Auf der Klassenfahrt wurden viele Witze __________ Besten gegeben.
8. Sie hat mir die Aufgabe __________ Näheren erläutert.

dem | des | auf | in | das | in | das | das | auf | zu | dem | dem | auf | vor

3 In folgenden Beispielen gibt es zwei Möglichkeiten der Großschreibung mit jeweils verschiedener Bedeutung. Suche beide Möglichkeiten, wie das Beispiel zeigt.

der gefangene floh

a) der gefangene Floh ____________ b) Der Gefangene floh. ____________

wir hören weise reden

a) ____________ b) ____________

einige schüchterne kinder wollten forscher werden

a) ____________

b) ____________

schau, die schöne naht

a) ____________ b) ____________

4 Groß oder klein? Ergänze die Adjektive oder Partizipien.

klein

Die kräftige ____________ verteidigt sich heftig.

Der ____________ Junge schreit.

neugeboren

Das ____________ schreit gellend.

Er trocknet das ____________ Kalb.

rot

Die ____________ Farbe weist auf eine Gefahr hin.

Die Ampel schaltet auf ____________.

alt

Sie verkauft das ____________ Auto

Manche lieben das ____________.

reich

Auf dem Ball trafen sich die wenigen ____________.

Der ____________ Bankier gab ein Fest.

tot

Bei dem Verkehrsunfall gab es zwei ____________.

Sie begruben zwei ____________ Kaninchen.

3. Großschreibung nach Indefinitpronomen

Nach den **Indefinitpronomen** *etwas, alles, nichts, einige, kein, viel, wenig, allerlei, ein paar, genug, manches* werden Verben und Adjektive großgeschrieben.
Beispiele: ***kein** Jammern, **alles** Gute, **etwas** Neues*

1 Ergänze die Leerstellen durch passende nominalisierte Verben und Adjektive, die du dann auch wie Nomen flektieren musst.

Von Jeanette gibt es manchmal viel Interessantes (interessant) zu berichten und vor einigen Tagen hat sie etwas ____________ (außergewöhnlich) erlebt. Nichts ____________ (schlimm) ahnend tauchte und schwamm sie im Baggersee, als sie sich plötzlich zwei starren Augen eines Kaimans gegenübersah. Allerlei ____________ (schrecklich) fuhr ihr durch den Kopf und sie schluckte Wasser. Nur mit kräftigen Stößen rettete sie sich ans Ufer.

Am nächsten Tag hatten die Zeitungen viel ____________ (neu) zu berichten. Unbekannte hätten einen jungen Kaiman, der ihnen wohl etwas zu groß geworden sei, im Baggersee ausgesetzt. Dieser Kaiman habe deshalb viele Badegäste erschreckt, aber sonst sei nichts ____________ (ernsthaft) passiert.

2 Ergänze den Text mit den angegebenen Adjektiven oder Partizipien.

Mode

Mein Bruder hält sich für etwas ____________, seit er ein neues Tattoo auf der Schulter hat. Dabei ist alles ____________ an ihm schon auffällig. Viel ____________ und ____________ liebt er an der sonst wenig gepflegten Kleidung, allerlei ____________ hängt am genieteten Gürtel und an dem löchrigen Ohr glänzt viel Silber. Er glaubt, dass die Mädchen heute etwas ____________ schätzen. Deshalb färbt er seine blonden Haare blau und sucht etwas ____________ als Kopfbedeckung. Alles ____________ zieht ihn magnetisch an. Piercing ist jetzt etwas ____________. Mein Bruder will seine Lippen löchern und allerlei ____________ in die Haut stecken.

- besonderes
- übrige
- krasses
- grelles
- glitzerndes
- verrücktes
- passendes
- auffällige
- neues
- schmückendes

4. Tageszeiten und Wochentage

Bezeichnungen für Tageszeiten werden **großgeschrieben,** wenn sie **Nomen** sind.
Du erkennst sie oft an den üblichen Nomen-Signalen:

- Artikel — *der Sonntag*
- (Artikel +) Präposition — *am Sonntag*
- Artikel + Adjektiv — *der heutige Sonntag*
- Pronomen — *jeder Sonntag*

Bezeichnungen für Tageszeiten werden **kleingeschrieben,** wenn sie **Adverbien** sind:
sonntags, abends, dienstagabends, dienstags mittags.
Du erkennst die Adverbien häufig an dem Suffix-s.

Tageszeitangaben kombinieren oft beide Wortarten:
gestern Abend, heute Morgen, morgen Nachmittag.

1 Ergänze den Text mit den angegebenen Tageszeiten.

Telekom Baskets gewinnen Turnier in Aachen

Beim „Essers-Cup“ in Aachen trafen die Telekom Baskets am ____________________ ____________________ auf das griechische Team Sporting Athen. Waren die wenigen mitgereisten Schlachtenbummler aus Athen ____________________ noch guter Hoffnung, mussten sie jedoch am ____________________ vor den 230 Bonner Schlachtenbummlern die Niederlage miterleben.

Im Endspiel traf das Telekom-Team ____________________ auf Fenerbahse Istanbul. Die türkischen Spieler waren ____________________ nach einem 107:100-Sieg über TVG Trier ins Endspiel gelangt. 700 Zuschauer, die am ____________________ ausgelassen ihren Sieg feierten, wollten das Endspiel sehen. Ein Hexenkessel. In der 30. Minute rollte eine Bierdose auf das Feld, ein Schnellangriff der türkischen Mannschaft musste unterbrochen werden – auf den Rängen randalierten die Fans. Die Bonner behielten die Übersicht, siegten deutlich mit 88:75 (44:34) und konnten ____________________ in Bonn ihren Sieg feiern. Für Coach Bruno Socé sind die Erfahrungen der Spiele von ____________________ und ____________________ Gold wert: „Das war gut für unser Selbstvertrauen. Wir haben gezeigt, dass wir mit europäischen Spitzenmannschaften mithalten können.“ So erfolgsverwöhnt werden die Bonner Baskets am ____________________ den ersten Sprungball der Bundesligasaison locker angehen können.

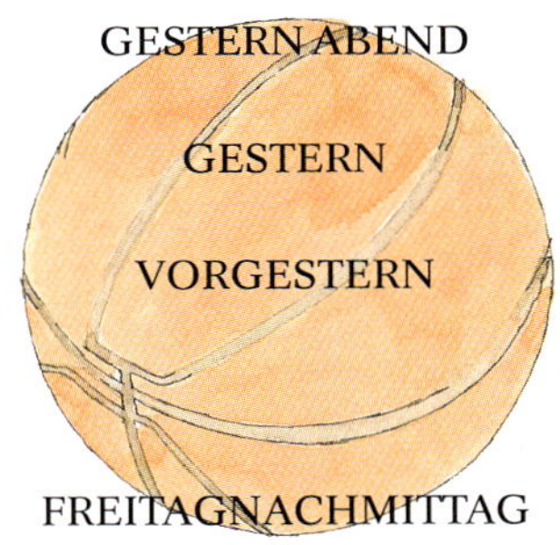

5. Geografische Namen und Herkunftsbezeichnungen

- Bei **Zusammensetzungen mit Eigennamen** wird der Bindestrich gesetzt, z. B. *Rhein-Main-Gebiet, Mädler-Passage*. Dabei werden die Eigennamen wie alle Nomen großgeschrieben.
- In **mehrteiligen Eigennamen** mit Bestandteilen, die **keine Nomen** sind, schreibt man alle Wörter groß, mit Ausnahme von Artikeln und Präpositionen, z. B.: *Vereinigte Staaten von Amerika, Freie und Hansestadt Hamburg, Unter den Linden, Botanischer Garten.*
- **Herkunftsbezeichnungen** mit **Ableitungen auf *-er*** schreibt man groß, z. B.: *Meißener Porzellan.*
- **Herkunftsbezeichnungen** mit **Ableitungen auf *-isch*** gehören zur Wortart der Adjektive, deswegen schreibt man sie klein, z. B.: *hessisches Fulda, italienische Stadt, indischer Tee.*

Die Schülerinnen und Schüler der 7b entwerfen für ihre Gäste der englischen Austauschschule einen Plan für einen gemeinsamen Rundgang durch Bonn. Folgender Text, der natürlich noch in das Englische übersetzt werden muss, ist das Ergebnis:

Bonn zu Fuß entdecken

Wir wollen den Rundgang am MÜNSTERPLATZ beginnen, der nur zwei Minuten vom BONNER HAUPTBAHNHOF entfernt liegt. Auf diesem Platz steht auch das Beethovendenkmal inmitten eines kleinen Blumenbeetes vor der Hauptpost. Wir nehmen den Weg durch die Fußgängerzone, lassen die NAMEN-JESU-KIRCHE rechts liegen und gelangen zum BEETHOVEN-HAUS, dem Geburtshaus Beethovens, in dem viele Musikinstrumente und Bilder aus Beethovens BONNER UND WIENER ZEIT ausgestellt sind. Am BERTHA-VON-SUTTNER-PLATZ können wir bei MCDONALD'S einen kurzen Imbiss zu uns nehmen und gehen dann zum Marktplatz. Zur Bonner Zeit als Bundeshauptstadt haben sich viele Staatsmänner und -frauen auf der ALTEN FREITREPPE begrüßen und feiern lassen. AM ALTEN ZOLL, einem Teil der KURKÖLNISCHEN FESTUNGSANLAGE am Rhein, haben wir einen herrlichen Ausblick auf den Rhein und das Siebengebirge. Wenn wir durch das KOBLENZER TOR gehen, stehen wir schon im Hofgarten vor dem ehemaligen KURFÜRSTLICHEN RESIDENZSCHLOSS, in dem heute die FRIEDRICH-WILHELMS-UNIVERSITÄT untergebracht ist. Am anderen Ende des Hofgartens steht das Akademische Kunstmuseum, das eine große Sammlung ANTIKER PLASTIKEN sowie GRIECHISCHER und RÖMISCHER VASEN, Terrakotten und Bronzen enthält.

Viele Cafés am Kaiserplatz laden dann zu einer kleinen Pause ein. Von dort können wir bereits auf das POPPELSDORFER SCHLOSS blicken, das das MINERALOGISCH-PETROLOGISCHE MUSEUM beherbergt und auch für seinen BOTANISCHEN GARTEN berühmt ist. Wenn wir noch Zeit haben, können wir am Rhein entlang zum ERNST-MORITZ-ARNDT-HAUS laufen. ... Ihr seht, ein Tag reicht gar nicht aus um die vielen Sehenswürdigkeiten in Bonn zu besichtigen.

1 Schreibe die mehrteiligen Eigennamen und Herkunftsbezeichnungen in die richtige Spalte der Tabelle.

Mehrteilige Eigennamen		Herkunftsbezeichnungen	
mit Bindestrich	mit Bestandteilen, die keine Nomen sind	Ableitungen auf *-er*	Ableitungen auf *-isch*

2 Welche Wörter passen zusammen? Schreibe die Herkunftsbezeichnungen in die Tabelle ein.
Beachte, dass drei Herkunftsbezeichnungen auf *-isch* Teil eines Namens sind und deshalb großgeschrieben werden.

Rom, ~~Mecklenburg~~, Nürnberg, Heidelberg, Bremen, Indien, Wien, Frankreich, Dresden, Köln, Hamburg, ~~Holland~~, ~~Berlin~~, Italien, Bayern

Zwinger, Dom, Schnitzel, ~~Käse~~, ~~Bär~~, Wein, Christkindlsmarkt, Stadtmusikanten, Salat, Wald, Ozean, Hafen, ~~Seenplatte~~, Schloss, Zahlen

Ableitungen auf *-er*	Ableitungen auf *-isch*
Berliner Bär,	holländischer Käse

Vorsicht, Eigennamen!
Mecklenburgische Seenplatte,

6. Eigendiktate

1 Mit dem folgenden Text kannst du ein Eigendiktat durchführen und dabei noch einmal die Schwierigkeiten der Groß- und Kleinschreibung üben. – Lies erst den ganzen Text. – Lies dann einen ganzen Satz durch. – Präge dir die Sinneinheit ein, die du auswendig aufschreiben kannst. – Kontrolliere das Aufgeschriebene anschließend. – Geh den Text auf diese Weise Satz für Satz durch.
Wenn du einen Lernpartner/eine Lernpartnerin hast, könnt ihr auch ein Partnerdiktat machen.

Einführung in E-Mail

Einer der Vorteile unserer neuen Internet-Verbindung im Computerraum ist die Möglichkeit, E-Mails (elektronische Post) zu verschicken, z.B. an deine Freunde unserer Austauschschule in England. Im Folgenden wollen wir dich also über die Nutzung der E-Mail informieren. Diese elektronische Post funktioniert im Wesentlichen genauso wie die herkömmliche Briefpost.
Im Allgemeinen kommt eine E-Mail-Nachricht aber viel schneller beim Empfänger an als ein Brief mit der Post – meist in wenigen Minuten, oft auch nur in Sekunden. Das Gute daran ist auch, dass sie viel weniger kostet.
Wenn du also eine Nachricht versenden willst, musst du dich an unseren Webmaster Nina Braun wenden, die für den Posteingang zuständig ist, aber auch für die Weitergabe der eingehenden E-Mails an die Empfänger an unserer Schule. Nina gibt auch eine kurze Einweisung in den Gebrauch des Internet-Rechners. Sie ist jeden Montagmittag im Computerraum, dann aber auch meist freitagnachmittags. Andere Regelungen kannst du am schwarzen Brett erfahren.
Eine E-Mail hat wie ein normaler Brief drei Grundelemente: Adresse, Text und Absender. Als Absender gilt unsere Schuladresse, die beim Versenden der Nachricht automatisch durch das E-Mail-Programm eingefügt wird. Das Verschicken einer E-Mail wird von allen Programmen grundsätzlich gleich abgewickelt. Nach dem Starten des E-Mail-Programms und dem Einschalten der Schreibfunktion gibst du im Adressfeld zunächst die E-Mail-Adresse des Empfängers ein. In der Betreffzeile solltest du den Adressaten deiner E-Mail darüber informieren, worauf sich dein Schreiben bezieht. Hier kannst du auch den Namen deines Freundes oder deiner Freundin angeben. Das nächste Feld ist für den Text deiner Nachricht vorgesehen. Im Übrigen sind die Umgangsformen im Internet recht locker, das Schreiben von E-Mails ist weniger konventionell als im normalen Schriftverkehr. Du kannst also auf förmliche Floskeln verzichten. Du solltest aber am Ende des Textes die eigene E-Mail-Adresse angeben, damit der Empfänger schnell feststellen kann, woher die Nachricht stammt. Wenn du dann also deine Nachricht im Textfeld komplett eingegeben hast, kannst du durch Anklicken des entsprechenden Schalters – meist „Senden“ – die Post sofort abschicken.
Viel Spaß und alles Gute bei deiner ersten E-Mail! Das nächste Mal informieren wir dich über das Surfen im Internet.

(Artikel einer Schülerzeitung)

Getrennt- und Zusammenschreibung

Wenn mehrere Wörter zu einem sprachlichen Ausdruck verbunden sind, schreibt man sie normalerweise **getrennt.** Das gilt immer für:

- Wortgruppen mit *sein*, z. B. *lieb sein, so sein, zurück sein,*
- Wortgruppen aus mehreren Verben, d. h.
  - **Infinitiv + Verb:** *kennen lernen, laufen gehen,*
  - **Partizip + Verb:** *geschenkt bekommen, verloren haben.*

1 Setze je ein Wort aus dem linken und dem rechten Pool zu einem sprachlichen Ausdruck zusammen und bilde mit diesem jeweils einen Satz. Manche Verben können mehrmals verwendet werden (z. B. *sein*).

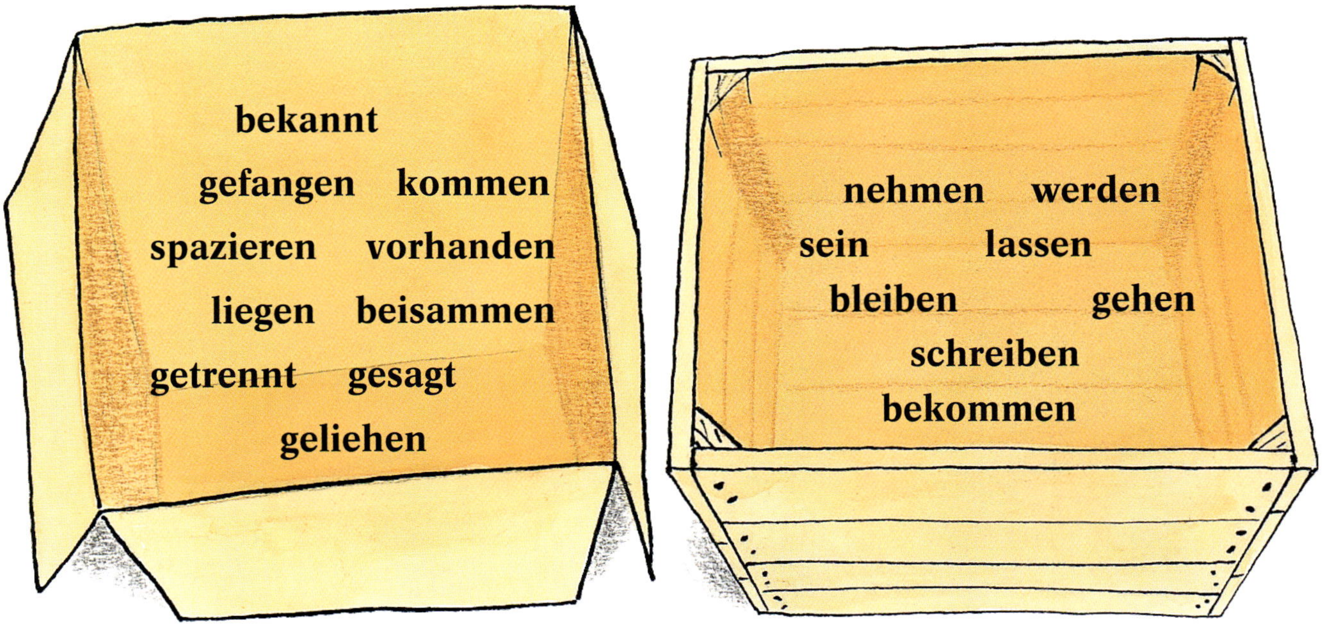

1. Der Verbrecher wurde heute gefangen genommen.

Getrennt geschrieben werden auch die meisten Wortgruppen aus
- **Nomen und Verb** (z. B. *Eis laufen, Rad fahren*),
- **Adjektiv und Verb** (z. B. *hoch steigen; blass werden*).

Zusammengeschrieben werden aber
- **untrennbare Verbzusammensetzungen**, bei denen sich die Reihenfolge der Bestandteile nie verändert:
  maßregeln ➔ *Er maßregelte die Kollegen.*
  langweilen ➔ *Ich langweile mich entsetzlich.*
  unternehmen ➔ *Sie unternehmen einen Ausflug.*
- Verbindungen von **Adjektiv und Verb**, bei denen keine Steigerung des Adjektivs möglich ist: *schwarzfahren, rotsehen.*

2 Forme die Nominalgruppen zu Sätzen in der angegebenen Zeitform um.

1. Der Spaziergang der Familie (Perfekt) *Die Familie ist spazieren gegangen.*
2. Die Schlussfolgerung des Chefs (Präsens) ______
3. Der Freispruch für den Angeklagten (Präteritum) ______
4. Die Brandmarkung von Gewalttaten (Präsens) ______
5. Die Geheimhaltung wichtiger Fakten (Präteritum) ______
6. Das Fernsehen der Kinder (Perfekt) ______
7. Die Hochrechnung der Wählerstimmen (Präsens) ______
8. Die Kleinschreibung von Adverbien (Präsens) ______
9. Die Bekanntmachung der Regierung (Perfekt) ______
10. Das Schlangestehen der Besucher (Perfekt) ______
11. Die Getrenntschreibung von Wortgruppen (Präsens) ______
12. Das Autofahren der Kraftfahrer (Futur) ______
13. Die Zufriedenstellung der Gäste (Präteritum) ______
14. Das Skilaufen der Klasse (Perfekt) ______
15. Das Freisprechen der Schauspielerin (Perfekt) ______
16. Das Notleiden der Erdbebenopfer (Futur) ______
17. Die Wahrsagung von Madam M. (Perfekt) ______
18. Das Klavierspielen der neuen Schülerin (Futur) ______
19. Das Großschreiben von Nomen (Präsens) ______

Den **Infinitiv mit *zu*** schreibt man **getrennt.**
Beispiel: *Er begann die Schuhe **zu putzen.***

Zusammen schreibt man den **Infinitiv mit *zu*** nur, wenn das Verb eine abtrennbare Vorsilbe hat:
Beispiel: *Sie baten darum, mit dem Krach **aufzuhören.***

Zusammen werden auch Verben mit der Vorsilbe ***zu-,*** wie *zuhören, zuschließen* usw., geschrieben.
Beispiel: *Sie zwangen den Verbrecher die Tat **zuzugeben.***

Ob es sich um ein Verb im **Infinitiv mit *zu*** handelt oder um ein Verb mit der **Vorsilbe *zu,***
kannst du durch Proben herausfinden:

Tipp

Betonungsprobe:
- Infinitiv mit zu: Betonung auf dem Verbstamm: *zu tún; zu beschréiben*
- Verb mit Vorsilbe zu-: Betonung auf *zu: zúschließen, zúschreiben*

Ersatzprobe:
- Infinitiv mit zu: Nur das Verb lässt sich ersetzen, das Wort *zu* bleibt erhalten:
  zu erproben ➔ *zu versuchen*
- Verb mit Vorsilbe zu-: Das ganze Verb einschließlich *zu* kann ersetzt werden:
  zugeben ➔ *gestehen*

3 Getrennt oder zusammen? Füge das jeweilige Verb in der richtigen Schreibweise ein.

1. (zu?fassen) Bei diesem Angebot müssen die Kunden einfach zufassen.
2. (zu?fassen) Der Täter war trotz des großen Polizeiaufgebots nicht ______________.
3. (zu?nähen) Heiko bat seine Mutter ihm die Hosentaschen ______________.
4. (zu?hören) Die Lehrerin empfahl den Schülern gut ______________.
5. (zu?sehen) Im Fernsehen war heute wieder nichts Vernünftiges ______________.
6. (zu?weisen) Die Theaterbesucher bekommen ihre Plätze ______________.
7. (zu?sagen) Für das nächste Jahr können wir gleich bleibende Preise ______________.
8. (zu?lassen) Die Hausordnung fordert die Feuerschutztür ______________.
9. (zu?sagen) Ich habe in dieser Angelegenheit auch etwas ______________.
10. (zu?sehen) Bei einem solchen Unrecht darf man nicht einfach ______________.
11. (zu?setzen) Dem Wasser im Aquarium sind Mineralstoffe ______________.
12. (zu?teilen) Kinder müssen lernen mit anderen ______________.
13. (zu?schlagen) Er hörte die Tür in der Garage ______________.
14. (zu?setzen) Wir bitten Sie, sich jetzt ______________.
15. (zu?teilen) Jedem Teilnehmer ist eine angemessene Aufgabe ______________.

Fremdwörter

Fremdwörter sind Wörter aus fremden Sprachen, die in der deutschen Sprache benutzt werden. Sie unterscheiden sich von den deutschen Wörtern meistens in Schreibung und Aussprache, weil sie sich nach den Regeln ihrer Herkunftssprache richten.

1 Hier tummeln sich 23 Fremdwörter, die häufig in unserer Sprache verwendet werden. Leider haben sie ihren Anfangsbuchstaben verloren! Lege dir dein erstes kleines Fremdwörterlexikon an, indem du die Wörter in die alphabetische Liste einordnest und sie dann kurz erklärst. Bei Problemen schaust du in einem „richtigen" Wörterbuch nach.

A ______ :	______	-iskussion
B ______ :	______	-endarm
C ______ :	______	-otiz
D ______ :	______	-pposition
E ______ :	______	-affee
F ______ :	______	-anager
G ______ :	______	-niversum
H ______ :	______	-nnonce
I ______ :	______	-exikon
J ______ :	______	-ektik
K ______ :	______	-aison
L ______ :	______	-xperiment
M ______ :	______	-hythmus
N ______ :	______	-orldcup
O ______ :	______	-ensur
P ______ :	______	-lamage
R ______ :	______	-entil
S ______ :	______	-assagier
T ______ :	______	-ourage
U ______ :	______	-eans
V ______ :	______	-ete
W ______ :	______	-ndiz
Z ______ :	______	-oilette

2 In dem Gedicht „Ausländer raus!“ musst du erst ein paar Wörter rekonstruieren oder erraten, bevor du es richtig lesen kannst:

Martin Schneider
Ausländer raus!

keine ____________________ a z p i z

keinen ____________________ l o l n' k' c o r r

kein ____________________ g l a r e - k a e i

nicht einmal mehr ____________________, x i r a t e s

stattdessen nur noch Fix und Foxi

keinen ____________________ r e n ö d b e k b a

keinen ____________________ b i s h i u s t i m

keine feurige Pusztamusik

und ____________________? g i g g o n j

heißt jetzt Dauerlauf

kein ____________________ c a c c i v e p i

keinen Dostojewski

kein ____________________besuch q n e u e

und ein ____________________? i b g c a m

ist ein großer Fleischklops

keine Frühlingsrolle

keinen Michael Jackson

keinen Urlaub auf ____________________ l o c r l m a a

und ein ____________________? i h r s t - t

nennt man wieder Unterhemd

keinen Donkosakenchor

keinen ____________________ y b o m g a e

keine Lipizzaner

nie wieder „____________________“ sagen, y o k a

denn das heißt jetzt „Jawoll!“

3 a) Was will Martin Schneider mit seinem Gedicht „Ausländer raus!“ (S. 63) ausdrücken?

___

___

___

b) Erkläre, wie du den Titel des Gedichts verstehst.

___

___

___

c) Versuch doch mal selber eine Strophe nach dem gleichen Prinzip zu schreiben:

kein ___

kein ___

kein ___

und ___?

heißt jetzt wieder ___

4 Aus den Buchstaben kannst du elf Fremdwörter bilden, deren Bedeutung unten umschrieben wird. Wenn du alles richtig machst, ergeben die Anfangsbuchstaben die Bezeichnung für eine Person, die für die Verständigung zwischen Menschen mit unterschiedlichen Muttersprachen sorgt.

a, a, a, a, b, b, c, c, d, e, e, e, e, e, e, e, e, e, e, e, e, e, e, g, h, h, h, i, i, i, i, i, k, k, k, l, l, l, m, m, m, m, m, n, n, o, o, o, o, o, p, p, r, r, r, r, r, r, r, r, r, s, s, s, s, t, t, t, t, t, t, t, u, u, x, x

1. unmittelbar, sofort ___
2. Verkehrsmittel für viele Leute ___
3. Arbeitsstätte für wissenschaftliche Versuche ___
4. Werkstoff ___
5. Ausfuhr von Waren ___
6. Temperaturmesser ___
7. über zwei Kanäle übertragen ___
8. günstige Gelegenheit ___
9. fieberhafte Eile, Hast ___
10. Beispiel ___
11. Leiter beim Drehen eines Films ___

Silbentrennung

Mehrsilbige Wörter trennt man nach Sprechsilben.
Beispiele: *Or-gel, Freun-de, re-den, ger-ne, A-bend, Kas-ten, Kle-ckern*

1 Hier stimmt aber etwas nicht mit den Silben! Schreibe die Wörter mit der richtigen Anordnung der Silben und Trennungsstrich auf. Achte auf die Groß-/Kleinschreibung.

~~LESCHU~~	NAUGE	NUNGWAR	MENRAH	BENTO	SONPER
TERNGES	DENBIL	RERLEH	TUNGLEI	CKERNME	LENDE
NUNGORD	BENE	CHENKU	DEEI	FERU	CHERNKI

1. Schu-le	7.	13.
2.	8.	14.
3.	9.	15.
4.	10.	16.
5.	11.	17.
6.	12.	18.

Zusammengesetzte Wörter und Wörter mit einer Vor-/Endsilbe werden nach ihren Bestandteilen getrennt.
Beispiele: *Haus-kauf, Rad-tour, Ab-lauf, Rück-kehr*

2 Aus den Wörtern und Vorsilben einer Gruppe kannst du jeweils verschiedene Wörter zusammensetzen. Notiere sie im Singular und Plural mit allen möglichen Trennungen in dein Heft.

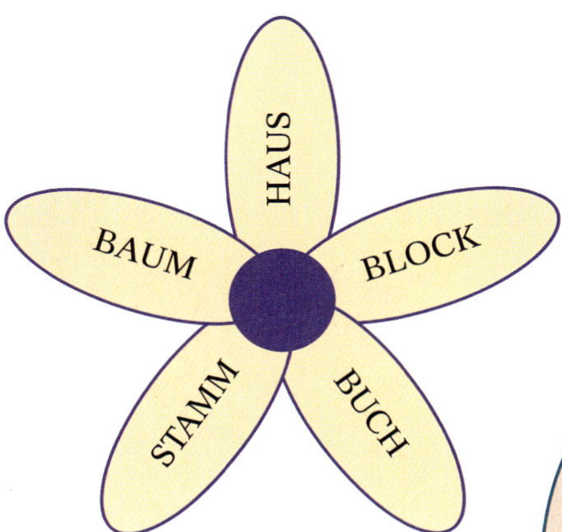

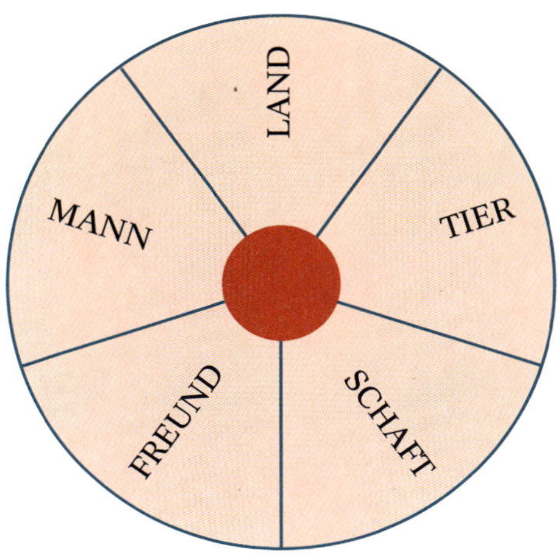

Bei mehreren Konsonanten im Wortinneren wird nur der letzte abgetrennt.
Beispiele: *stop-fen; Kas-ten, Ach-sel, trot-zig*

3 Welche Silben gehören zu welcher Endung?

Wes- Kat- schmut- muss- Karp- wit- trop- Müt- Es- Las-

Rit- Knos- krat- Schnup- Hus- mäs- imp- Ris- Tat- ein-

________ -ze

________ -zig

________ -pe

________ -fen

________ -ten

Konsonantenverbindungen wie **ch, ck, sch,** die für einen einzigen Konsonanten stehen, werden nicht getrennt.
Beispiele: *kna-cken, La-sche, ma-chen*

Das gilt auch für **ph, th, sh** und **rh,** die in Fremdwörtern vorkommen.
Beispiele: *Pro-phet, ka-tho-lisch*

4 Ergänze die fehlenden Reimwörter in der richtigen Trennweise.

Du sollst nicht so viel kle-
ckern, sonst muss ich wieder ____-
______.

„Mein ist die Ra-
che!", spricht der alte ____-
______.

Wer kommt da um die E-
cke? Es ist 'ne lahme ________-
______!

In meinen neuen Ta-
schen trag ich gern Cola ____-
______.

Was soll ich denn nur ma-
chen? Ich muss jetzt einfach ____-
______!

5 Zu den folgenden Zeilen musst du jetzt selbst den ganzen reimenden Vers dichten:

Mit Wasser kann man mat-
schen, ______________________-
______.

Nüsse sind zu kna-
cken, ______________________-
______.

Wo ist denn nur der Ku-
chen? ______________________-
______!

6 Unterstreiche im folgenden Text alle Wörter, die man trennen kann. Schreibe diese Wörter mit allen Trennungen ab.

Kirsten Boie
Marco hat was getan

Marco sagt, so hat er es gar nicht gewollt.

Einen Denkzettel wollte er denen geben. Angst einjagen wollte er denen. Die sollten endlich mal wissen, hier sind sie nicht gern gesehen.

Marco sagt, das finden doch alle. Marco kann Namen nennen von Erwachsenen, die auch so reden. Nur haben die keinen Mut.

Erwachsene reden. Erwachsene kneifen.

Marco hat was getan.

Marco versteht nicht, warum alle jetzt gegen ihn sind. Das Ganze war ein unglücklicher Zufall.

Er hat denen schließlich nur ein bisschen Angst einjagen wollen. Damit sie zurückgehen in ihr Anatolien. Das wollen doch schließlich alle. Aber die anderen reden ja nur.

Es war ein unglücklicher Zufall, dass das Treppenhaus aus Holz und so morsch war. Es war ein unglücklicher Zufall, dass ausgerechnet an diesem Abend die Kinder in der oberen Wohnung allein waren, und die untere Wohnung war leer.

Vielleicht sollten diese Türken mal häuslicher werden. Die Eltern sind jedenfalls schuld.

Es tut Marco Leid, dass es ausgerechnet zwei Kinder erwischt hat. Die hätten in Anatolien vielleicht noch ein schönes Leben haben können. Wenn die in Anatolien geblieben wären, wäre ihnen überhaupt nichts passiert. Aber Marco versteht die Aufregung nicht. Nicht, dass alle jetzt so tun, als ob sie Türken lieben. Wenn er das Gesülze jetzt hört, wird ihm kotzübel. Die haben vorher alle ganz anders geredet. Es ist natürlich Pech für die Kinder.

Aber Marco hat jedenfalls eigentlich keine Schuld.

Mar-co (8 x), ge-wollt

Tipp Interessiert dich genauer, was Marco getan hat? Der Textausschnitt ist aus dem Buch „Erwachsene reden. Marco hat was getan" von Kirsten Boie entnommen.

Kurze Vokale

Nach **betonten kurzen Vokalen** folgen meist **zwei Konsonanten,** z. B.: *Kopf, Hand, turnen.*
Hörst du nur einen Konsonanten, wird er beim Schreiben **verdoppelt,**
z. B.: *klappern, Henne, Schüssel, Hummel.*

Statt verdoppeltem *k* schreiben wir **ck,** z. B. *Zucker, Hecke, Schnecke*
Statt verdoppeltem *z* schreiben wir **tz,** z. B. *Schnitzel, Blitz, Katze, Matratze.*

1 Verwandle den „Kummer" in einen sorgenfreien „Sommer". Von Wort zu Wort darf nur ein Buchstabe verändert werden. In der vierten Spalte wechseln auch Singular- und Pluralformen sowie Nomen und Verben. Hier findet sich auch ein umgangssprachliches Wort für Ratte.
Wenn du unsicher bist, schlage im Wörterbuch nach.

K	u	m	m	e	r
K					
H					
H	u				
N					
S					
S	o	m	m	e	r

P	a	c	k	e	r
R					
H					
H					
Z					
Z					
M	u	c	k	e	r

R	o	t	t	e
R				
M				
L				
L	e			
K				
W				
W	a	t	t	e

s	e	t	z	e
S				
s	i			
H				
R				
R	a			
T				
K	a	t	z	e

K	i	p	p	e
R				
S				
S				
K				
K				
R				
L	a	p	p	e

2 a) Ergänze die Wörter in der Tabelle. Wenn du bei manchen Wörtern nicht weißt, ob das Wort Einzel- oder Doppelkonsonanten am Wortende hat, so wende die Verlängerungsprobe an.

der Griff	die Griffe	der Stop	sto
das Nest	die Nester	die Schrif	die Sch
der Da	die Dä	er schrit	wir schri
der Ku	kü	er bis	wir bi
der Pfi	die Pfi	der Pas	die Pä
der Zor	zo	der Gas	die Gä
der Begi	begi	der Kam	die Kä
das Hem	die Hem	der Saf	die Sä

b) Begründe, warum sich bei sechs Wörtern trotz betonten kurzen Vokal kein Konsonant verdoppelt hat.

3 Bei folgenden Wörtern wurde die Reihenfolge der Buchstaben vertauscht. Schreibe das gesuchte Wort in der richtigen Schreibung auf und bilde dazu Wortfamilien mit den vorgegebenen Endungen oder Wortteilen. Viele dieser Wörter werden häufig falsch geschrieben.

nermum, -ieren, -ierung	Nummer; nummerieren, Nummerierung
ckresch, er-…-en, -lich, -gespenst	
tzalp, -ieren, -en, -wunde	
richtertun, -en, -ung, -sfach	
teressine, -ieren, -ant	
rapsix, -ktizieren, -ktisch	
gangpiersaz, -ieren, -weg, -gänger	

Bei Fremdwörtern steht nach kurzem betontem Vokal oft ein einfaches **k** in Verbindung mit **t**, manchmal auch **kk** mit nachfolgendem Vokal, z. B. *der Takt, das Sakko*.

4 Bilde sinnvolle Wörter aus folgenden Silben:

tiv ak ku sa	Akkusativ	struk kon ti on	
ko pik lo		jekt ob	
ten ak		ak rat ku	
fekt per		kord ak	
ka mak ni ro		flikt kon	

Schlage im Zweifelsfall im Rechtschreib-Wörterbuch nach.

5 Führe mit dem folgenden Text ein **Eigendiktat** durch.
Lies erst den ganzen Text. – Lies dann einen ganzen Satz durch. – Präge dir eine Sinneinheit ein, die du auswendig aufschreiben kannst. – Kontrolliere das Aufgeschriebene anschließend. – Gehe den Text auf diese Weise Satz für Satz durch. Wenn du einen Lernpartner/eine Lernpartnerin hast, könnt ihr auch ein Partnerdiktat machen.

Mehmet, der Breakdancer

Nach meiner Rückkehr aus den USA besuchte ich am letzten Donnerstag meinen Freund Mehmet in der Sporthalle bei seinem Breakdancetraining. Als er mich sah, erhob er sich erfreut von seinem Klappstuhl und begrüßte mich überschwänglich. Seine Freunde grinsten und stellten den Ghettoblaster an, mit einem Aufguss altbekannter Stücke aus Techno und Hip-Hop. Mehmet erklärte, dass er noch Schritte für eine Show üben müsse. Er zieht die Wollmütze über den Kopf und tänzelt im Rhythmus der Musik über das Parkett in die Mitte des Raumes. Im Stepptanz wirbeln seine Füße wie Trommelstöcke auf dem Boden, dann wirft er sich jählings zu Boden, hechtet auf den Rücken, rollt rücklings über die Schulter, die gespreizten Beine v-förmig in die Luft gestreckt. Er dreht sich schnell auf die Schulter, die Beine fliegen hoch und wirbeln wie Windmühlenblätter. Dann knickt sein schlaksiger Körper ein und zieht sich ruckartig zur Kugel zusammen, die Arme und Beine eng am Körper rotiert er auf dem Rücken. Aus der Drehung heraus katapultiert er sich in die Luft zum Kopfstand und wirbelt um die eigene Achse wie ein Eiskunstläufer bei der Pirouette. Plötzlich stoppt er, stemmt sich hoch, springt auf die Beine und lacht. Die Freunde applaudieren.

Lange Vokale

Die meisten **betonten langen Vokale a, e, o, u** schreibt man mit einfachem Buchstaben, z. B. in *Name, lesen, holen, Schule.*

Bei einer kleineren Gruppe von Wörtern aber folgt nach dem betonten langen Vokal ein **h,** z. B. in *Draht, nehmen, Sohle, Schuh.*
Das **h** erscheint sehr oft – aber nicht immer! – in den Verbindungen *hl, hm, hn, hr* und bleibt auch in den verwandten Wörtern erhalten.

Das **lang gesprochene i** wird fast immer *ie* geschrieben, z. B. *Tier.*
Nur in einigen Kurzwörtern *(wir, dir, mir)* und in **Fremdwörtern** wird das lange **i** mit einfachem *i* geschrieben, z. B. *Apfelsine.*

Es gibt nur wenige Wörter, in denen das **lang gesprochene i** mit *ieh* geschrieben wird, z. B.: *Vieh, sieh.*

1. Lange Vokale mit einfachem Buchstaben

1 Ergänze die fehlenden Präteritumformen. Beachte den Vokalwechsel.

Infinitiv	Präteritum		Infinitiv	Präteritum	
	1. Person Singular	3. Person Plural		1. Person Singular	3. Person Plural
heben	ich hob	sie hoben	sein	ich ______	sie ______
lesen	ich ______	sie ______	tun	ich ______	sie ______
tragen	ich ______	sie ______	verlieren	ich ______	sie ______
graben	ich ______	sie ______	bekommen	ich ______	sie ______

2 Suche die fehlenden Reimwörter und setze sie ein.
(Kran Schnur Qual Plan einmal stur Tal Wal)

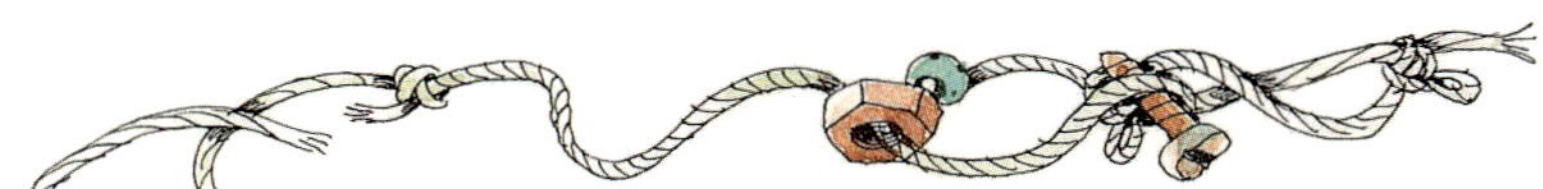

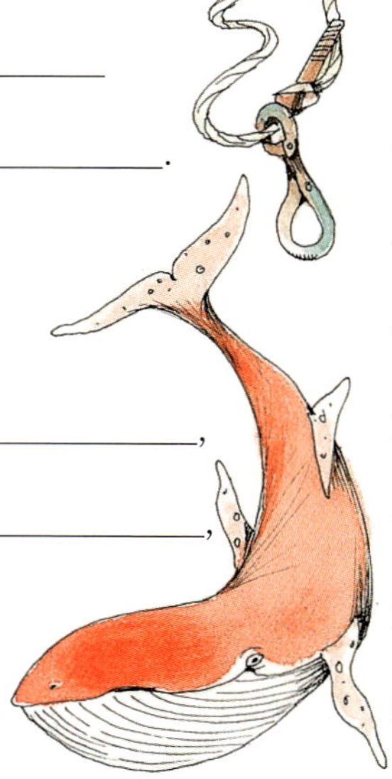

Im Rhein verirrte sich ______
ein großer, dicker, weißer ______.
Die Leute waren sehr entzückt,
doch andre schienen ganz verrückt
und dachten, was ist das 'ne ______,
wir bringen das arme Tier zu ______,
ins Meer, wo es doch hingehört,
und weg vom Rhein, wo es nur stört.

Man machte sich einen kühnen ______
und brachte heran einen schweren ______
um das Tier an den Haken zu ketten
und vor der Chemie des Rheines zu retten.
Der Wal jedoch entwich der ______
und blieb auch weiterhin ganz ______.
Der Wal wohl dachte, ich bin nicht verrückt,
ich finde allein den Weg zurück.

3 Bilde selbst Reimpaare zu folgenden Reimwörtern:

1. Bl■t – Br■t;
2. Tr■b – Gr■b;
3. Fl■r – st■r;
4. Gr■be – St■be;
5. zw■r – kl■r;
6. Kr■g – kl■g;
7. Bl■me – Kr■me;
8. Tr■ne – Sp■ne;

2. Lange Vokale mit nachfolgendem h

1 Mit diesem **Orthografie-Schieber** kannst du mehrere Wörter bauen (Nomen, Verben, Adjektive und jeweilige Ableitungen). Schreibe sie in der normalen Groß- bzw. Kleinschreibung auf.

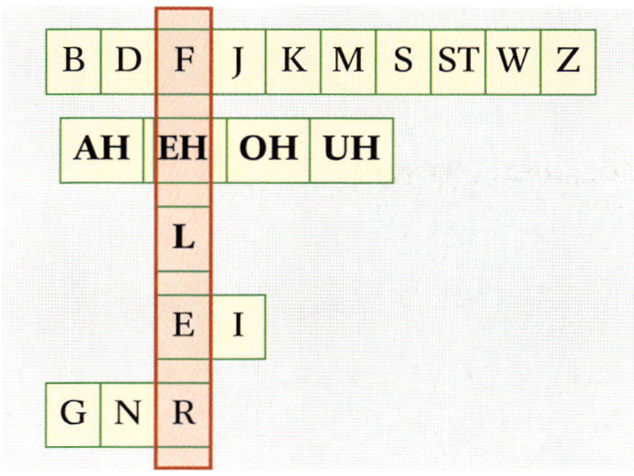

Lösung mindestens 20 Wörter:

Fehler,

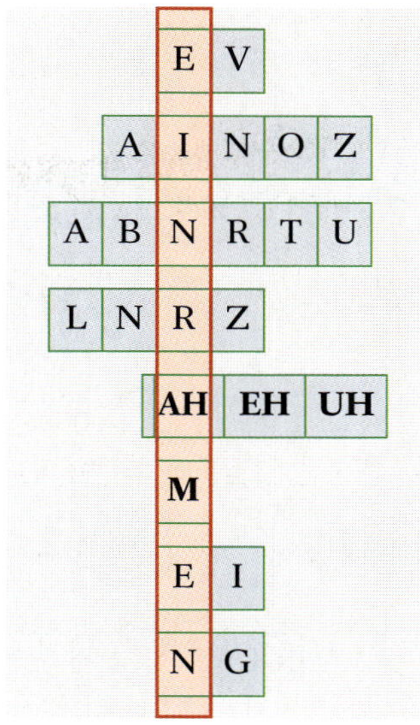

mindestens 17 Wörter:

einrahmen,

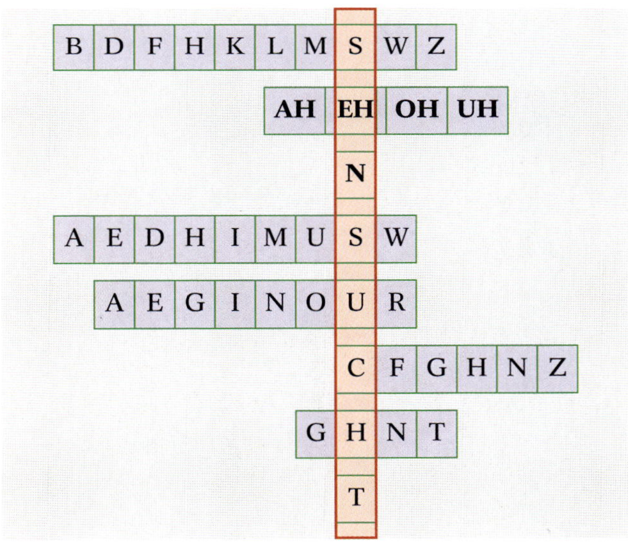

mindestens 36: Sehnsucht,

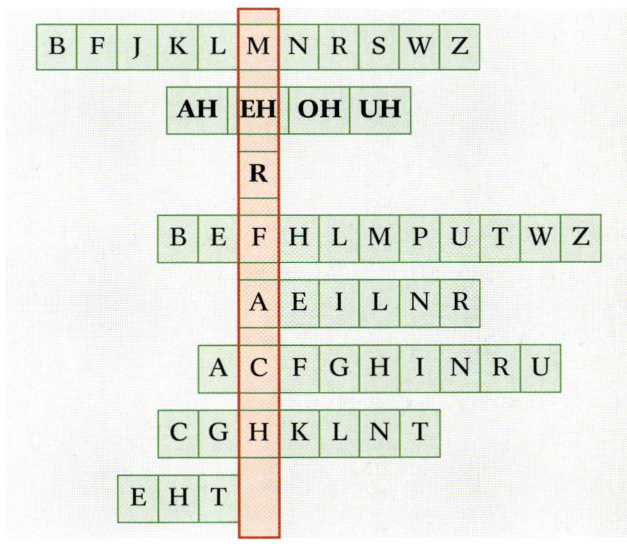

mindestens 39 Wörter: mehrfach,

2 Ergänze die jeweiligen Verbformen und abgeleiteten Nomen.
Beachte: In fast allen Wortfamilien bleibt das **h** erhalten. Markiere die Ausnahmen farbig.

Infinitiv	3. Person Singular		Partizip		Nomen
	Präsens	Präteritum	Präsens	Präteritum	
zahlen	er zahlt	sie zahlte	zahlend	gezahlt	die Zahlung
	er	sie befahl			
	er	sie		geflohen	
	er sieht	sie			
ziehen	er	sie			
	er	sie lieh			
nähen	er	sie			

3 Suche zu den vorgegebenen Wörtern verwandte Nomen bzw. Verben oder Adjektive.
In den meisten Fällen behält das Wort das **h** auch in den Ableitungen.

Verben/Adjektive	Nomen	Verben/Adjektive	Nomen
gefährlich	die Gefahr	verhöhnen	
abkühlen	die	rühren	
ähnlich	die		die Nahrung
	die Gewöhnung	fahren	
wähnen			das Gewühl
fühlen		kühl	
	die Berühmtheit		die Lähmung
	die Wahl	zählen	
jährlich			die Sühne
belohnen			die Bedrohung
	die Zähmung	höher	
sahnig			die Ruhe
	die Zähheit	mühen	
rühmen			die Höhle
erfahren		verkehren	

4 a) Suche das fehlende Wort in den folgenden Redewendungen. Ergänze die Zusammensetzungen.

1. in die ________h________ gucken — die Fernseh____________
2. ich habe mit ihm ein ________h________ zu rupfen — das ____________fleisch
3. von der ________h________ abtreten — das ____________bild
4. das ist Wasser auf seine ________h________ — das ____________rad
5. er wird wohl ein paar ________h________ kriegen — das Geburts____________

b) Welche Redewendung hat welche Bedeutung? Trage die Nummern ein.

- [ ] sich von der Öffentlichkeit zurückziehen
- [ ] eine Freiheitsstrafe bekommen
- [ ] ein ernstes Wort mit jemandem zu reden haben
- [ ] leer ausgehen, benachteiligt werden oder abwertend für fernsehen
- [ ] das unterstützt seine Meinung

5 Manche Wörter haben die gleiche Lautung und werden deshalb häufig fehlerhaft geschrieben. Hier hilft nur das richtige Einprägen der unterschiedlichen Schreibungen mit ihren entsprechenden Bedeutungen. Auch in Satzbeispielen kann man sich die Schreibung einprägen. Bilde zu jedem Wort einen Beispielsatz:

lehren – leeren
In der Schule wird die neue Rechtschreibung gelehrt.
Jede Woche wird die Mülltonne geleert.

mahlen – malen
____
____

Mahl – mal
____
____

Meer – mehr
____
____

Sohle – Sole
____
____

Wahl – Wal
____
____

währen – sie wären
____
____

wahr – er war
____
____

3. Langes i

Das **lang gesprochene i** wird fast immer *ie* geschrieben, z. B. *Riese.*

Nur in einigen Kurzwörtern *(wir, dir, mir)* und in Fremdwörtern wird das lange **i** mit einfachem *i* geschrieben, z. B. *Klima.*

1 Eine Aufgabe für den Orthografie-Schieber: Bilde Wörter mit **ie.**

BE	F	K	VER				
		B	L	R	S	SCH	W
			IE				
		GEN	BEN				

verlieben, ____

	ER	SCH	VER		
B	FR	M	N	L	Z
		IE			
		REN	TEN		

schmieren, ____

		AB	AN	AUS	ENT	ER	VER
B	FL	SP	SCH	Z			
				IE			
			BEN	HEN	LEN	TEN	

ausziehen, ____

2 Viele Verben bilden ihr Präteritum mit **ie.** Ergänze die folgende Tabelle.

Infinitiv	Präteritum		
	Singular	Plural	
	1. Person	1. Person	2. Person
halten	ich hielt	wir hielten	ihr hieltet
bleiben			
blasen			
leihen			
meiden			
preisen			
scheiden			
stoßen			

3 Kennst du diese Fremdwörter? Bei vielen Fremdwörtern enden die Verben auf **-ieren.**

	Nomen	Verb
Ausfuhr von Waren oder Gütern	der Export	exportieren
Einfuhr von Waren oder Gütern	der I	
Staatsführung	die R	
Zusammenzählung	die A	
böswillig bereitete Schwierigkeit	die Sch	
Aufzeichnung	die N	
Aufmerksamkeit oder Wissbegierde	das I	

4 Das lang gesprochene i am Wortende der Fremdwörter wird meist mit **ie** geschrieben, z. B. Geometrie.
Welche (Fremd-)Wörter kennst du?

1 Volksherrschaft .... die
2. physikalischer Begriff für Kraft .... die
3. Wissenschaft von der belebten Natur .... die
4. Lichtbild .... die
5. eine ansteckende Seuche .... die
6. Lebensgeschichte eines Menschen .... die
7. spiegelbildliche Übereinstimmung .... die

Das Lösungswort kennzeichnet eine singbare Folge von Tönen.

5 Das lang gesprochene i im Inlaut von Fremdwörtern wird mit **einfachem i** geschrieben. Welche dieser Wörter kennst du?

1. melodische Tonkunst .... die
2. mechanisches Gerät, z. B. Motor .... die
3. leichter Wind .... die
4. Großkatze .... der
5. Maßeinheit für Gewicht .... das
6. Flüssigkeitsmaß .... der
7. schwierige Zeit, z. B. für die Wirtschaft .... die
8. Filmtheater .... das
9. Motorentreibstoff .... das

Das Lösungswort bezeichnet ein Lebensmittel aus pflanzlichem Fett.

Tipp

Wieder oder **wider**

Erinnerung: **Wieder** mit **ie** bedeutet „noch einmal", „erneut".
Wider mit einfachem **i** bedeutet „gegen", „entgegen".

6 a) Fülle nun die Lücken in den folgenden Wörtern aus:

W____derkehr, W____deraufbau, W____derholung, erw____dern, w____derbeleben, w____derum,

w____derwillig, W____dergutmachung, W____dersacher, w____derlegen, W____derstand, w____derspiegeln

b) Beantworte nun die Rätselfragen mit den entsprechenden Wörtern, die in der Liste stehen, und schreibe die Wörter in die entsprechenden Spalten.

	– wieder –	– wider –
eine Aussage entkräften		
nochmaliges Tun		
Maßnahme zur Sühne		
Feind		
ungern		
Gegenwehr		
Rückkehr		
Aufbau von Zerstörtem		
antworten/entgegnen		
noch einmal		

s-Laut

Das **stimmlose s** schreibt man
- nach kurzem Vokal fast immer **ss,** z. B. *Wasser,*
- nach langem Vokal oder Diphthong **ß,** z. B. *Straße, reißen,*
- mit einfachem **s**, wenn es bei Verlängerung stimmhaft wird, z. B. *Gras – Gräser.*

Das **stimmhafte s** schreibt man immer **s**, z. B. *Nase, Senf.*

1 Worträtsel

1. das Gegenteil von klein ....
2. katholischer Gottesdienst ....
3. Teil des Gesichts ....
4. du kannst sie knacken ....
5. amtlicher Ausweis ....
6. ein anderes Wort für Pferd ....

Lösungswort von oben nach unten: ____________

2 Ermittle die klangähnlichen Wörter und führe die Verlängerungsprobe mit dem Genitiv Singular oder Plural durch.

	Verlängerungsprobe		Verlängerungsprobe
der Spaß	des Spaßes	der Stei	
das Gras	des Grases	der Rei	
das Ma		der Schwei	
das Gla		der Grei	
der Strau		der Flei	
die Mau		der Prei	
der Klo		das Flo	
das Moo		das Lo	

Wechselt bei unregelmäßigen Verben die Vokallänge,
dann verändert sich die Schreibung des **stimmlosen s.**
Nach **kurzem Vokal** steht **ss,**
nach **langem Vokal** und **Diphthong** *(ei, eu, au)* steht **ß,** z. B.: *essen – aß.*

3 a) Trage die richtigen Verbformen in die Tabelle ein.
b) Ergänze die dazugehörenden Nomen.

Verb			Nomen
Infinitiv	Präsens Singular	Präteritum Singular	
essen	er isst	er aß	das Essen
genie en	sie genie t	sie geno	der
me en	er	er	das
schie en	sie	sie	der
fre en	es	es	das
schlie en	sie	sie	das
verge en	er	er	die
bei en	sie	sie	der
wi en	sie	sie	das
flie en	es	es	der
rei en	es	es	der
gie en	sie	sie	der
beschl en	sie	sie	der
erla en	er	er	der
mü en	es	es	das

Inhaltsangabe und Lesetraining

Sandra sitzt vor ihrem Schreibtisch und schwitzt über der Deutschhausaufgabe: Eine Inhaltsangabe zu einem Gedicht von Wilhelm Busch muss sie schreiben. Wie fängt sie da bloß an? Sandra versucht sich daran zu erinnern, was die Lehrerin erklärt hat, und macht sich dazu folgende Notizen:

einen Einleitungssatz formulieren
Abschnitte stichwortartig zusammenfassen
beim ersten Lesen Wichtiges markieren
Stichworte ausformulieren
die W-Fragen beantworten
den Text nochmals lesen und in Sinnabschnitte gliedern

1 Bringe Sandras Notizen in eine sinnvolle Reihenfolge.

1. ______________________________

____

2. ______________________________

____

3. ______________________________

4. ______________________________

5. ______________________________

6. ______________________________

2 Dies ist die Ballade, die Sandra bearbeiten soll. Lies den Text und markiere wichtige Stellen.

Wilhelm Busch
Verwunschen

Geld gehört zum Ehestande,
Hässlichkeit ist keine Schande,
Liebe ist beinah absurd.
Drum, du nimmst den Junker Jochen
Innerhalb der nächsten Wochen.
Also sprach der Ritter Kurt.

Vater, flehte Kunigunde,
Schone meine Herzenswunde,
Ganz umsonst ist dein Bemühn.
Ja, ich schwör's bei Erd und Himmel,
Niemals nehm ich diesen Lümmel,
Ewig, ewig hass ich ihn.

Nun, wenn Worte nicht mehr nützen,
Dann so bleibe ewig sitzen,
Marsch mit dir ins Burgverlies.
Zornig sagte dies der Alte,
Als er in die feuchte, kalte
Kammer sie hinunterstieß.

Jahre kamen, Jahre schwanden.
Nichts im Schlosse blieb vorhanden
Außer Kunigundens Geist.
Dort, wo graue Ratten rasseln,
sitzt sie zwischen Kellerasseln,
Von dem Feuermolch umkreist.

Heut noch ist es nicht geheuer
in dem alten Burggemäuer
Um die Mitternacht herum.
Wehe, ruft ein weißes Wesen,
Will denn niemand mich erlösen?
Doch die Wände bleiben stumm.

Tipp

Die **W- Fragen** helfen dir beim Schreiben einer Inhaltsangabe – wie auch bei einem Bericht – zunächst die Informationen herauszufinden, die am wichtigsten sind.

Die W-Fragen sind: **Wer? – Was ? – Wo? – Wann? – Wie? – Warum?**

3 Beantworte die W-Fragen und trage deine Ergebnisse hier ein:

Wer	spielt in der Ballade eine Rolle?	
Was	passiert?	
Wo	geschieht das Erzählte?	
Wann	spielt die Ballade?	
Wie	läuft das Geschehen ab?	
Warum	handeln die Personen so?	

Tipp

Wenn man einen Text in **Abschnitten zusammenfasst,** sollte man mit Hilfe der Zeilennummerierung genau angeben, von wo bis wo jeder Abschnitt reicht. Man kann den Inhalt der Abschnitte in Form einer Überschrift oder in einem Satz wiedergeben.

4 a) Lies den Text erneut und kennzeichne die Sinnabschnitte.
b) Fasse den Inhalt der Abschnitte als Satz ausformuliert oder als Überschrift zusammen.

Z. 1–6: Ritter Kurt befiehlt seiner Tochter, den reichen, aber hässlichen Junker Jochen zu heiraten.

oder: Heiratsbefehl des Vaters, Ritter Kurt, wegen Reichtum des Bräutigams

Tipp

Einen guten **Einleitungssatz** zu formulieren ist gar nicht so einfach!
Er soll folgende Informationen enthalten:

- **Name des Autors/der Autorin** des Textes
- **Textsorte,** zu der der Text gehört
- **Titel** des Textes
- Entstehungszeit des Textes, wenn sie bekannt ist
- **Thema** des Textes, d. h. einen Überblick über den ganzen Text

Um das Thema genau benennen zu können, muss man den Text schon gut verstanden haben! Deshalb solltest du den Einleitungssatz erst schreiben, wenn du dich schon gründlich mit dem Text beschäftigt und die ersten Arbeitsschritte (siehe S. 79 f.) durchgeführt hast.

5 Überprüfe die folgenden Einleitungssätze zu der Ballade „Verwunschen" mit Hilfe der genannten Merkmale. Achte dabei besonders auf die Themaformulierungen und begründe, warum diese in den Beispielen noch nicht so gut gelungen sind.

1. Wilhelm Busch schreibt in seinem Gedicht √ über eine verwunschene Prinzessin.

Kommentar: „Gedicht" genauer: Ballade; √ Titel fehlt; Thema ungenau: keine Prinzessin, sondern Ritterstochter; Warum ist sie verwunschen?

2. Es geht hier um ein Schloss, einen Ritter, seine Tochter, einen Junker und ein Gespenst, das einmal die Tochter war.

3. „Verwunschen" ist die Geschichte eines misslungenen Versuches, sein Kind zu etwas zu zwingen, was es nicht will.

4. In diesem Text von Wilhelm Busch wird erklärt, wieso es in einem alten Burggemäuer unheimlich ist.

5. Die Ballade „Verwunschen" handelt von einem Vater und seiner Tochter, die einen Mann heiraten soll und deshalb für immer eingesperrt wird.

6 Formuliere nun selbst einen Einleitungssatz, der alle notwendigen Informationen enthält:

Tipp

Bei einer Inhaltsangabe muss man auf bestimmte **sprachliche Merkmale** achten:
- Die Inhaltsangabe wird im **Präsens** geschrieben.
- Es sollte möglichst **keine wörtliche Rede** verwendet werden.
- Der Text soll **mit eigenen Worten** wiedergegeben werden.
- Die Formulierungen müssen **sachlich** sein.

7 Schreibe zur Ballade „Verwunschen“ von Wilhelm Busch eine vollständige Inhaltsangabe in dein Heft.

8 Weißt du, wer oder was die „Loreley“ ist? Schlage im Lexikon nach und schreibe die Informationen, die du bekommst, kurz auf:

____

____

9 Lies jetzt die Ballade „Lore Lay“ von Clemens Brentano (1778–1842) einmal laut vor. Beim zweiten (leisen) Lesen markierst du in unterschiedlichen Farben:

1. alle wörtlichen Reden (———)
2. alle Verben im Präsens (———)
3. alle Verben im Präteritum (———)
4. alle Verben im Perfekt (———)

Clemens Brentano
Lore Lay

Zu Bacharach am Rheine
Wohnt' eine Zauberin,
Sie war so schön und feine
Und riss viel Herzen hin.

Und brachte viel zu Schanden
Der Männer ringsumher;
Aus ihren Liebesbanden
War keine Rettung mehr.

Der Bischof ließ sie laden
Vor geistliche Gewalt –
Und musste sie begnaden,
So schön war ihr' Gestalt.

Er sprach zu ihr gerühret:
„Du arme Lore Lay!
Wer hat dich denn verführet
Zu böser Zauberei?“ –

„Herr Bischof, lasst mich sterben!
Ich bin des Lebens müd,
Weil jeder muss verderben,
Der meine Augen sieht!

Die Augen sind zwei Flammen,
Mein Arm ein Zauberstab –
O, legt mich in die Flammen,
O, brechet mir den Stab!“ –

„Ich kann dich nicht verdammen,
Bis du mir erst bekennt,
Warum in deinen Flammen
Mein eigen Herz schon brennt!

Den Stab kann ich nicht brechen,
Du schöne Lore Lay!
Ich müsste dann zerbrechen
Mein eigen Herz entzwei!“ –

„Herr Bischof, mit mir Armen
Treibt nicht so bösen Spott,
Und bittet um Erbarmen
Für mich den lieben Gott!

Ich darf nicht länger leben,
Ich liebe keinen mehr –
Den Tod sollt Ihr mir geben,
Drum kam ich zu Euch her!

Mein Schatz hat mich betrogen,
Hat sich von mir gewandt,
Ist fort von hier gezogen,
Fort in ein fremdes Land.

Die Augen sanft und wilde,
Die Wangen rot und weiß,
Die Worte still und milde,
Das ist mein Zauberkreis.

Ich selbst muss drin verderben,
Das Herz tut mir so weh;
Vor Schmerzen möcht ich sterben,
Wenn ich mein Bildnis seh.

Drum lasst mein Recht mich finden,
Mich sterben wie ein Christ,
Denn alles muss verschwinden,
Weil er nicht bei mir ist!"

Drei Ritter lässt er holen:
„Bringt sie ins Kloster hin!
Geh, Lore! – Gott befohlen
Sei dein berückter Sinn!

Du sollst ein Nönnchen werden,
Ein Nönnchen schwarz und weiß,
Bereite dich auf Erden
Zu deines Todes Reis'!"

Zum Kloster sie nun ritten,
Die Ritter alle drei,
Und traurig in der Mitten
Die schöne Lore Lay.

„O Ritter, lass mich gehen
Auf diesen Felsen groß,
ich will noch einmal sehen
Nach meines Lieben Schloss.

Ich will noch einmal sehen
Wohl in den tiefen Rhein
Und dann ins Kloster gehen
Und Gottes Jungfrau sein."

Der Felsen ist so jähe,
So steil ist seine Wand,
Doch klimmt sie in die Höhe,
Bis dass sie oben stand.

Es binden die drei Ritter
Die Rosse unten an
Und klettern immer weiter
Zum Felsen auch hinan.

Die Jungfrau sprach: „Da gehet
Ein Schifflein auf dem Rhein,
Der in dem Schifflein stehet,
Der soll mein Liebster sein!

Mein Herz wird mir so munter,
Er muss mein Liebster sein!" –
Da lehnt sie sich hinunter
Und stürzet in den Rhein.

Die Ritter mussten sterben,
Sie konnten nicht hinab;
Sie mussten all verderben,
Ohn' Priester und ohn' Grab.

Wer hat dies Lied gesungen?
Ein Schiffer auf dem Rhein,
Und immer hat geklungen
Von dem Dreiritterstein:
Lore Lay!
Lore Lay!
Lore Lay!
Als wären es meiner drei.

10 a) Welche Zeitform wird überwiegend in der wörtlichen Rede benutzt?

___

b) Welche Zeitform wird überwiegend in den erzählenden Teilen benutzt?

___

c) Setze nun in deinem Heft alle Verben, die im Präteritum stehen, ins Präsens:

wohnt'[e] → wohnt; war → ist; riss →

d) Schreibe dann mit Hilfe der Zeilenangaben die Stellen auf, an denen auch bei der Erzählung das Präsens benutzt wird:

Z. 57, Z.

e) Warum wechselt der Dichter hier zu dieser Zeitform?

___

Tipp Eine Inhaltsangabe soll möglichst knapp sein – also nur das Wichtigste wiedergeben!

11 Beim Unterstreichen ist es dir sicher aufgefallen: Viele Strophen der Ballade bestehen aus wörtlicher Rede. Diese Strophen müssen in einer Inhaltsangabe zusammengefasst werden. Gliedere die Dialoge in Sinnabschnitte und gib das Gesprochene knapp und in indirekter Form in deinem Heft wieder.

Z. 14–16: Der Bischof will von Lore Lay wissen, wer sie ...

Z. 17–24: Lore Lay bittet den Bischof, sie ...

Z. 25–32: Der Bischof aber erwidert, ...

Z. 33– :

12 Überprüfe anhand einiger Fragen noch einmal, ob du die Ballade auch ganz verstanden hast:

- Aus welchem Grund wird Lore Lay zum Bischof gebracht?
- Wozu lässt der Bischof die drei Ritter holen?
- Warum stürzt sich Lore Lay den Felsen hinab?
- Was geschieht am Schluss mit den drei Rittern?

13 Benutze nun deine Vorarbeiten, um eine vollständige Inhaltsangabe zu Brentanos „Lore Lay" in dein Heft zu schreiben. Formuliere besonders den Einleitungssatz sehr sorgfältig!

14 a) Du hast gemerkt, dass die „Lore Lay" zu einem großen Teil aus Dialogen besteht: Mit welcher Stimme und welcher Betonung reden wohl

Erzähler

Bischof

Lore Lay

b) Trage die Ballade noch einmal mit unterschiedlicher Stimme und Betonung für die drei Personen vor.

15 Auch der Dichter Heinrich Heine (1797–1856) hat aus der Sage von der Loreley ein Gedicht gemacht. Lies das Gedicht.

Heinrich Heine
Lorelei

Ich weiß nicht, was soll es bedeuten,
Dass ich so traurig bin;
Ein Märchen aus alten Zeiten,
Das kommt mir nicht aus dem Sinn.

Die Luft ist kühl, und es dunkelt,
Und ruhig fließet der Rhein;
Der Gipfel des Berges funkelt
Im Abendsonnenschein.

Die schöne Jungfrau sitzet
Dort oben wunderbar,
Ihr goldnes Geschmeide blitzet,
Sie kämmt ihr goldenes Haar;

Sie kämmt es mit goldenem Kamme
Und singt ein Lied dabei,
Das hat eine wundersame
Gewaltige Melodei.

Den Schiffer im kleinen Schiffe
Ergreift es mit wildem Weh;
Er schaut nicht die Felsenriffe,
Er schaut nur hinauf in die Höh'.

Ich glaube, die Wellen verschlingen
Am Ende Schiffer und Kahn;
Und das hat mit ihrem Singen
Die Lorelei getan.

16 Sicherlich ist dir beim Lesen gleich eine ganze Reihe von Unterschieden zu Brentanos Ballade aufgefallen. Trage sie in die Tabelle ein:

Clemens Brentano: Die Lore Lay	*Heinrich Heine:* Lorelei

Für die Inhaltsangabe zu Heines „Lorelei" musst du eine weitere Regel kennen:
Ein Text in der **Ich-Form** muss **in der Inhaltsangabe** in die **Er-Form** gebracht werden.
Dazu muss geklärt werden, welche Person sich hinter dem „ich" verbirgt,
das nicht mit dem Dichter gleichgesetzt werden darf.

17 Über das „Ich" in Heines Ballade erfährt man nicht viel. Welche(r) der folgenden Ausdrücke kann zur Benennung dieser Person benutzt werden?

lyrisches Ich | eine Person | ein Mann | eine Frau | Sprecher des Gedichts | jemand | irgendeiner

18 Formuliere nun einen Einleitungssatz mit einem der genannten Ausdrücke sowie einem der folgenden Verben:

erzählen | träumen | wiederholen | sich erinnern | denken an | berichten von

19 Die folgenden Satzbruchstücke helfen dir, die restliche Inhaltsangabe zu erstellen. Du musst sie nur in die richtige Reihenfolge bringen und das Fehlende ergänzen.

○ *Von dem Gesang und dem Anblick ist ein Rheinschiffer so fasziniert, dass ...*

○ *Auf einem Felsen sitzt ...*

○ *An das Ende kann sich ... nicht mehr genau erinnern,*

○ *In Gedanken sieht ...*

20 Der berühmte Kinderbuchautor Erich Kästner (1899–1974) hat ebenfalls ein Gedicht zum Thema Loreley geschrieben (S. 87). Es ist in einem ganz anderen Ton geschrieben als die ersten beiden Loreley-Gedichte. Versuche diesen Ton zu beschreiben:

21 a) Bereite Kästners Gedicht zum Vortragen vor, indem du Hilfszeichen in den Text einträgst:

Pause: senkrechter Strich:	*Loreley, | bekannt*
Betonung: unterstreichen:	*Fee und Felsen*
Sprechtempo beschleunigen: Pfeil:	*Man stirbt nicht mehr* →
Sprechtempo dehnen: unterstricheln:	*Die Zeit vergeht.*
Weiterlesen bei Zeilensprung:	*… heutzutage* ↳ *Noch manches …*

b) Versuche beim Vortrag nicht nur auf diese Zeichen zu achten, sondern auch den spöttisch-ironischen Ton des Gedichtes wiederzugeben.

22 Schreibe in dein Heft eine Inhaltsangabe zu Kästners Gedicht. Beachte dabei die Tipps auf S. 80–84.

Erich Kästner

Der Handstand auf der Loreley

Nach einer wahren Begebenheit

Die Loreley, bekannt als Fee und Felsen,
Ist jener Fleck am Rhein, nicht weit von Bingen,
Wo früher Schiffer mit verdrehten Hälsen,
Von blonden Haaren schwärmend, untergingen.

Wir wandeln uns. Die Schiffer inbegriffen.
Der Rhein ist reguliert und eingedämmt.
Die Zeit vergeht. Man stirbt nicht mehr beim
Schiffen,
Bloß weil ein blondes Weib sich dauernd kämmt.

Nichtsdestotrotz geschieht auch heutzutage
Noch manches, was der Steinzeit ähnlich sieht.
So alt ist keine deutsche Heldensage,
Dass sie nicht doch noch Helden nach sich zieht.

Erst neulich machte auf der Loreley
Hoch überm Rhein ein Turner einen Handstand!
Von allen Dampfern tönte Angstgeschrei,
Als er kopfüber oben auf der Wand stand.

Er stand, als ob er auf dem Barren stünde.
Mit hohlem Kreuz. Und lustbetonten Zügen.
Man frage nicht: Was hatte er für Gründe?
Er war ein Held. Das dürfte wohl genügen.

Er stand, verkehrt, im Abendsonnenscheine.
Da trübte Wehmut seinen Turnerblick.
Er dachte an die Loreley von Heine.
Und stürzte ab. Und brach sich das Genick.

Er starb als Held. Man muss ihn nicht beweinen.
Sein Handstand war vom Schicksal überstrahlt.
Ein Augenblick mit zwei gehobnen Beinen
Ist nicht zu teuer mit dem Tod bezahlt!

P.S. Eins wäre allerdings noch nachzutragen:
Der Turner hinterließ uns Frau und Kind.
Hinwiederum, man soll sie nicht beklagen.
Weil im Bezirk der Helden und der Sagen
Die Überlebenden nicht wichtig sind.

AUTOREN- UND QUELLENVERZEICHNIS

KÖCK, CHRISTOPH
33 Mit dem Finger auf der Landkarte – Abenteuerurlaub für alle
38 Trekking im Himalaja
aus: Endlich Urlaub! Die Deutschen reisen. Begleitbuch zur Ausstellung im Haus der Geschichte der Bundesrepublik Deutschland, Bonn; 6. Juni bis 18. Oktober 1996. Hg. v. Stiftung Haus der Geschichte der Bundesrepublik Deutschland. Dumont, Köln 1996, S. 59 f.

KING, MARTIN LUTHER
45 „I have a dream“
aus: Anstiftung zur Courage. Von mutigen Menschen. Hg. v. Annemarie Stoltenberg. Rowohlt TB, Reinbek bei Hamburg 1997

VALENTIN, KARL
47 Die Maus
aus: Riesenblödsinn. Eine Auswahl aus dem Werk. Fischer Taschenbuch Verlag, Frankfurt/Main 1983, S. 60 f.

SCHNEIDER, MARTIN
63 Ausländer raus!
aus: Texte dagegen. Hg. v. Silvia Bartholl. Beltz und Gelberg, Weinheim, Basel 1993, S. 106 f.

BOIE, KIRSTEN
67 Marco hat was getan
aus: Erwachsene reden. Marco hat was getan. dtv, München Bd. 78075, S. 96

BUSCH, WILHELM
79 Verwunschen
aus: Wer reitet so spät durch Nacht und Wind. Die schönsten deutschen Balladen von Gotthold Ephraim Lessing bis Erich Kästner. Hg. v. Christian Stich. Diogenes, Zürich 1981, S. 199 f.

BRENTANO, CLEMENS
82 Lore Lay (1801)
aus: Deutsche Gedichte. Hg. und bearbeitet v. Echtermeyer/Wiese/Paefgen. Cornelsen, Berlin 1993, S. 343

HEINE, HEINRICH
85 Lorelei (1824)
aus: Deutsche Gedichte. Hg. und bearbeitet v. Echtermeyer/Wiese/Paefgen. Cornelsen, Berlin 1993, S. 643

KÄSTNER, ERICH
87 Der Handstand auf der Loreley
aus: Gesammelte Schriften für Erwachsene. Droemer Knaur, München 1969

39 Warum friert man leicht, wenn man im Sommer nach dem Schwimmen aus dem Wasser kommt?
40 Warum tragen wir im Winter Wollsachen?
40 Wie kann man sich ein Thermometer selber machen?
nach: Fritz Hermanns/Edith Zündel: Was ist das? Das große Experimentierbuch. Tesslaff Verlag, Hamburg 1969

44 Wer war Dostojewski?
In: Bonner Rundschau, 17.4.1997

46 Wer war Karl Valentin?
nach: Das Valentin-Buch. Hg. v. Michael Schulte. Piper, München, Zürich 1984, S. 10 f. bzw. S. 465

BILDQUELLENVERZEICHNIS/IMPRESSUM

S. 8: Foto: Archiv Mehrl, Frankfurt a. Main; **S. 9:** Aus: Japanische Farbholzschnitte. Benedikt Taschen Verlag, Köln; **S. 10:** Foto: Ullstein Bilderdienst; **S. 11:** Nach: Irmgard Kneißler, Das Origamibuch. Otto Maier Verlag Ravensburg, 1987, S. 72–73; **S. 38:** Foto: Bildagentur Superbild GmbH; **S. 45:** Foto: Ullstein Bilderdienst; **S. 51:** Corel

Redaktion: Matthias Grupp, Antje Schmidt

Illustrationen: Thomas Binder, Klaus Ensikat, Wolfgang Mond, Barbara Schumann
Umschlaggestaltung: Alexandre Malcev (Foto: Thomas Schulz, Illustration: Klaus Müller)
Gestaltung und technische Umsetzung: werkstatt für gebrauchsgrafik, Berlin

Cornelsen online http://www.cornelsen.de

Dieses Werk berücksichtigt die Regeln der reformierten Rechtschreibung und Zeichensetzung.

1. Auflage ✓ €   Druck 8 7 6 5 Jahr 04 03 02 01

Druck: CS-Druck Cornelsen Stürtz, Berlin

ISBN 3-464-60307-5

Bestellnummer 603075

Gedruckt auf säurefreiem Papier, umweltschonend hergestellt aus chlorfrei gebleichten Faserstoffen.